ソテツをみなおす

奄美・沖縄の蘇鉄（そてつ）文化誌

奄美沖縄環境史研究会
安渓貴子・当山昌直編

ボーダーインク

ソテツのある風景

ソテツのある風景。
　写真上：瀬戸内町与路島の崖のソテツ。人が植えたもの。
　写真下：奄美大島大和村大金久のソテツ群生地。

ソテツを食べる

ソテツを食べる（本書 10 頁参照）。

写真上：ソテツ雌株の赤い実。この実と幹から澱粉をとる（粟国島）。
写真中左：ソテツ澱粉と米の粥。中中央：市販のソテツ澱粉。中右：ソテツ味噌
写真下左：ソテツの実を採取（与路島）。下右：ソテツ雄株の雄花。

暮らしの中のソテツ

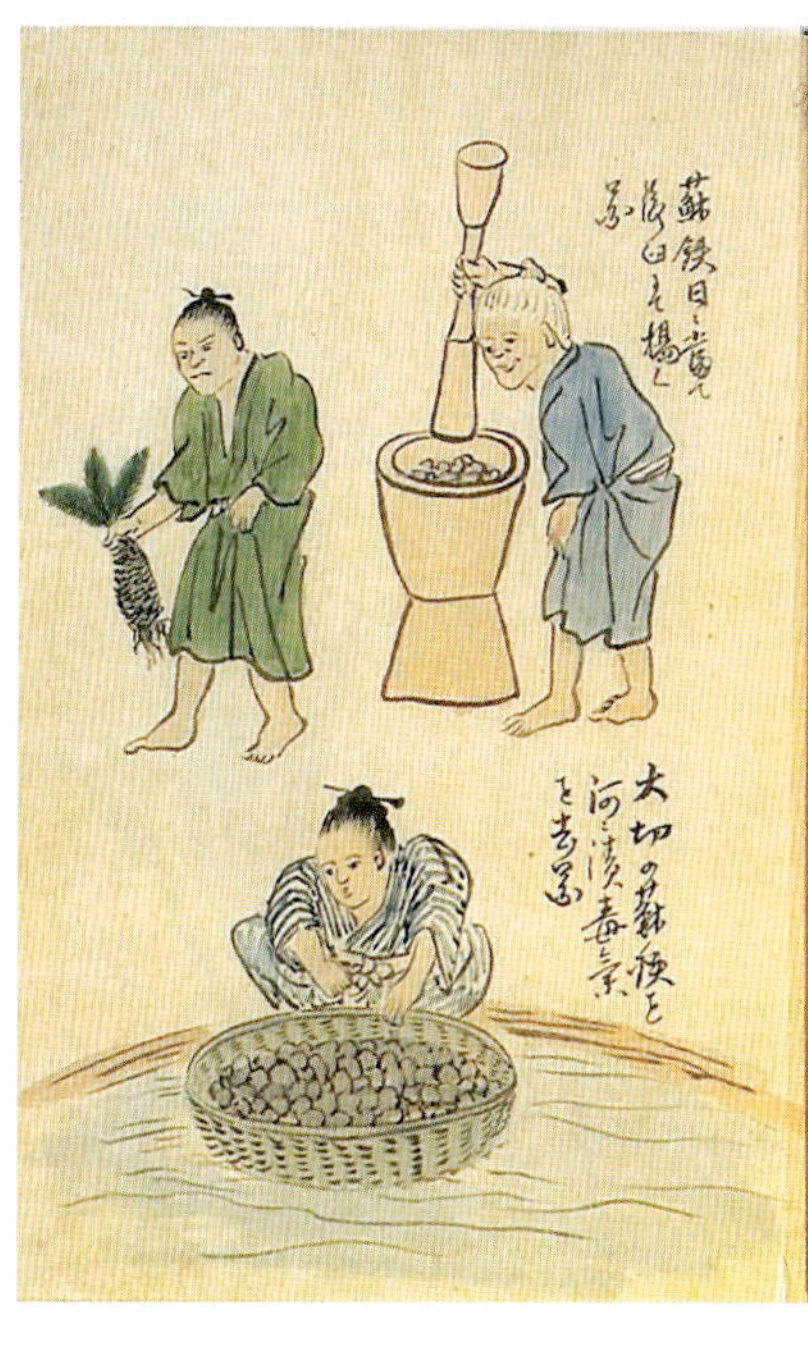

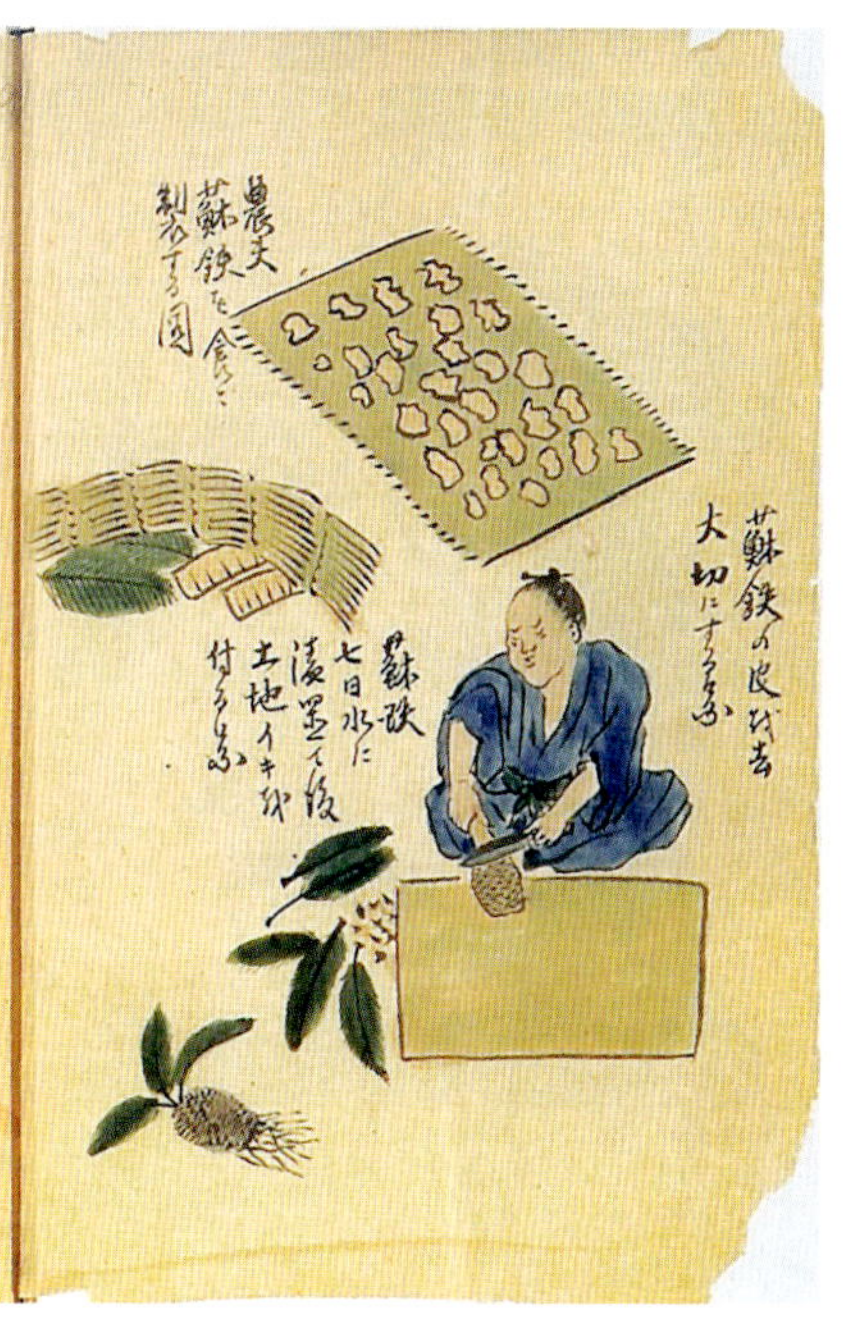

暮らしの中のソテツ（本書 10、18、26 頁）。

写真上左：ソテツでつくられたアーチ（宇検村芦険）　写真上右の上：ソテツ葉の虫かご（竹富島）、上右の下：大島紬にみるソテツ図柄（128 頁）。

写真下：ソテツ加工の図。『南島雑話』5 巻（鹿児島大学附属図書館蔵）。

ソテツを愛でる

ソテツを愛でる（本書 124 頁参照）。
写真上：盆栽観賞用とされたハナソテツ。
写真下：沖縄県指定天然記念物「宇根の大ソテツ」。久米島喜久村家の庭にあり樹齢 250 年から 300 年と言われている（6 頁）。

目次／ソテツをみなおす

第三章　もうひとつの未来へ

はじめに

「ソテツ地獄」という言葉をごぞんじですか。一九三〇年代の世界大恐慌のなか、砂糖の値段が大暴落して沖縄は経済破綻をしました。人々は食べものを買うお金がなく、「サツマイモどころか毒があるソテツの実や幹を食べた、そのひどかった生活」を象徴的にあらわす言葉として、『沖縄県史』や『沖縄近代史辞典』にも載っています。

しかし、この言葉は沖縄の新聞記者が作った言葉でした。あまりにわかりやすい言葉だったからか、「本土」のマスコミがとびついて「決まり文句」になってしまいました。実際には台風に強く、耕地でなく、崖や段畑の斜面でよく育つソテツは、その毒を抜いて澱粉にし、おかゆなどで食べる食べ方が日常食であった地域もあって、悲惨なものではなかったのです。庶民の感覚では「地獄はソテツを食い尽くしたその先にあった」と、昭和五三年三月一九日の沖縄タイムスの「唐獅子」に、「ソテツ地獄」というタイトルで大城将保さんが書いています。

「ソテツ地獄」という言葉が日本中に知られるようになってから、長い時がたちました。しかし、奄美沖縄の島々では、いまも赤い実からつくる「ソテツ味噌」がなつかしいふるさとの味として空港で売られているところや、ソテツの幹からとれるデンプンを生産する小規模な工場もあります。そうした島々ではソテツこそが人々を飢えから救って生き延びさせてくれたものだという意味で「ソテツは恩人」と呼びます。

ソテツを食べた記憶をもつ人々が少なくなり、正しい毒抜きの知識、おいしい食べ方の知恵が失われる一方、ソテツそのものが畑や牧場のじゃまもの扱いされたり、放棄された段畑が山林に還っていく木々の下になって枯れたりして、島の景色からいつのまにか消えていくという例も少なくありません。

奄美沖縄の人々の生活を支えてくれたソテツの賢い利用について、それを利用してきた人々の経験を学び、次世代に伝えたいと思います。それはまた、グローバル化の中でこれからますます重要となる、安心安全な食糧の確保による地域自給と、地域文化の尊厳の確立という課題に答える道のひとつでもありうるはずです。

この本では植物としてのソテツの特徴や分布、人々の生活とのかかわり、毒抜きの方法や食べ方、緑肥や燃料と言った生活の中でのソテツのありようやソテツへのまなざしが奄美と沖縄で、また島ごとに、特徴をもっていたこと、政治的にソテツの栽培が奨励された時代などの歴史、第二次世界大戦末期に米軍機が空から撮影した膨大な写真の中のソテツ林、近代にはいって新聞に載ったソテツの記事、さらに海外との関係など、ソテツをめぐるたくさんのエピソードを紹介していきます。

編者を代表して　安渓　貴子

第一章　南島の自然と文化

日本のソテツ

前田　芳之

日本のソテツの品種

ソテツは裸子植物と呼ばれるイチョウやマツの仲間の常緑樹である。日本のソテツは *Cycas revoluta* Thunb. 一種であり、日本固有種とされている。自然分布の北限は南九州の宮崎県都井岬、鹿児島県では佐多町、内之浦町や坊津町、山川町に見られ、いずれも国の天然記念物となっている。九州以南は、南西諸島の島々に分布し南限は波照間島である。中国の福建省東海岸にも野生があったがこの集団が自生か移入かは議論がある。残念ながら一九七〇〜一九八〇年に濫掘により絶滅した（Wang, 1996）。

通常は高さ一メートルから五メートル、直径四〇センチ内外で、幹の頂きに長さが〇・六から一・五メートルの羽状の葉を叢生する。五、六月ごろ先端に、花をつける（口絵写真）。雄の株と雌の株があり、雄花の花粉は自然界では風と虫の両方が運ぶ（Kono and Tobe, 2007）が、奄美では穂状の雄花の花粉を人間が雌花にかけてやることで確実な種子の収穫を心がけてきた。秋になると、直径三センチ、長さ四センチほどの丸い赤い種子が熟する。

海岸の岩場や崖、痩せ地でよく見られるのは、根で窒素固定をする藍藻の仲間と共生し、成長の速い他の植物との競争を避けているからである。奄美群島・沖縄・宮古・八重山では救荒植物として、斜面や畑の境界に数多く植えられてきた。

また、日本列島でも庭園に古くから植えられ、浮世絵に描かれて江戸時代の人々にも親しまれてきた。天然記念物となっているものでは樹齢千年をこえるとされるもの、安土桃山時代や室町時代に運ばれて植栽されたと考えられているものがある。

天然記念物のソテツ

天然記念物に指定されているソテツは以下の一〇カ所である。なかには大阪堺市の妙国寺のソテツや熊本のソテツのように、もとの場所に帰りたいと声をあげた、などの民話の伝承までされている株がある。最も巨木とされていたのは静岡県賀茂郡河津町の正木のオオソテツだが、残念ながら一二メートルの幹丈を誇った主幹は一〇年ほど前に衰弱して枯死した。しかし株元から生えている子株（六メートル長）は健在である。また、熊本の大野下の蘇鉄も由緒正しい蘇鉄で今なお蘇鉄姓を名乗る一六代目子孫が、大切に管理している。

天然記念物のソテツ（指定年）	（地域）	（推定樹齢）
常神の蘇鉄　（一九二四年）	福井県若狭町常神	一三〇〇年
能満寺の蘇鉄（一九二四年）	静岡県榛原郡吉田大字片岡	
竜華寺の蘇鉄（一九二四年）	静岡県静岡市村松字殿堂	
新町の大蘇鉄（一九三六年）	静岡県賀茂郡河津町大字峰	八〇〇年
妙国寺の蘇鉄（一九二四年）	大阪府堺市材木町東三丁目	室町時代に植栽か
日御碕の蘇鉄（一九三四年）	島根県出雲市大社町	六〇〇年
誓願時の蘇鉄（一九二四年）	香川県小豆郡小豆島町二生	

松尾寺の蘇鉄（一九二四年）　大分県速見郡日出町一九二一　八〇〇年
広沢寺の蘇鉄（一九二四年）　佐賀県東松浦郡鎮西村名護屋　六〇〇年
大野下の蘇鉄（一九三四年）　熊本県玉名市岱明町　一〇〇〇年

天然記念物の指定はされていないが、鹿児島県内には巨木が数多く残っている。鹿児島市の島津家菩提寺跡（現　玉龍高校裏）の島津家の墓所、その他島津家ゆかりの寺院、種子島中種子町坂井の大ソテツ、喜界島の上嘉鉄の五〇〇年蘇鉄などである。沖縄県では久米島の宇根の大蘇鉄（七六頁参照）が県指定の天然記念物となっている。関東においては静岡県伊豆の新島の十三社神社　東京都八丈島に現存する加賀の前田家ゆかりの七〇〇年蘇鉄や、その他千葉県房総の那古寺の蘇鉄などが見られる。

また、公園では香川県高松の栗林公園や岡山の後楽園などにまとまって植えられた植栽も有名である。耐寒性が強く、茨城県の筑波大学の付属農場で雄花が開花している。

図1. 千葉県房総の那古寺のソテツ

ソテツの新変種

また日本国内だけでなく中国や台湾、欧米諸国でも観葉植物としても親しまれ、通常の枝型以外に九つの変種（佐竹 一九八一 a,b）が報告されている。四～九は新変種として提示された。

一、トサカソテツ、シシソテツ、マヤソテツ　*C. revoluta* var. *cristata*　図2
二、マツバソテツ　*C. r.* var. *diplofoliolum*　図3
三、トックリソテツ　*C. r.* var. *corrugate*　図4
四、フイリソテツ　*C. r.* var. *variegate*　図5
五、シロバソテツ　*C. r.* var. *alba*　図6
六、コガネソテツ　*C. r.* var. *aurea*　図7
七、ハリソテツ　*C. r.* var. *hystrix*
八、タコソテツ　*C. r.* var. *involute*　図8
九、アオエソテツ　*C. r.* var. *glabra*　図9

最近の生物地理学の研究（Kyoda and Setoguchi, 2010）では、天然分布の北限の宮崎県都井岬から石垣島、西表島に至る二二地点でのソテツの葉緑体ＤＮＡとミトコンドリアＤＮＡを解析した。その結果、日本のソテツ *C. revoluta* は沖永良部島を境に琉球

図2．トサカソテツ、シシソテツ、マヤソテツ
C. revoluta* var. *cristata

図3．マツバソテツ
C. r.* var. *diplofoliolum

図7．コガネソテツ ***C. r.*** **var.** ***aurea***

図4．トックリソテツ ***C. r.*** **var.** ***corrugate***

図8．タコソテツ ***C. r.*** **var.** ***involute***

図5．フイリソテツ ***C. r.*** **var.** ***variegate***

図9．アオエソテツ ***C. r.*** **var.** ***glabra***

図6．シロバソテツ ***C. r.*** **var.** ***alba***

列島内で北部型と南部型に分かれることがわかった。しかしそのハプロタイプ（遺伝子型）は三つしかなく、変異が大変に少ない結果となった。台湾にはよく似た別種のタイトウソテツ *C. taitungensis* C. F. Shen, K. D. Hill, C. H. Tsou et C. J. Chen があり、日本のソテツと進化遺伝学的に最も近かった。しかしタイトウソテツは葉緑体ＤＮＡで九七、ミトコンドリアＤＮＡで五五のハプロタイプがあり、遺伝的な変異が大きかった。

このように琉球列島のソテツの遺伝変異はたいへん低い。その理由は、第四紀の間氷期において海水面が上昇し、低い島々が沈んだり小さくなったことによる厳しいボトルネック効果にあると考えられ、琉球列島の島々の地理的な変化をふくむ地形変容に帰することができる、と Kyoda and Setoguchi (2010) は考察している。

引用文献

佐竹利彦　一九八一ａ「日本のソテツその１」『新花卉』八九号、六七〜七一頁、タキイ種苗出版部
佐竹利彦　一九八一ｂ「日本のソテツ完」『新花卉』九〇号、九一〜九四頁、タキイ種苗出版部
Kono, M. and H. Tobe 2007, Is *Cycas revoluta* (Cycadaceae) wind- or insect-pollinated? *American J. of Botany* 94 (5): 847-855.
Kyoda, S. and H. Setoguchi, 2010 "Phytogeography of *Cycas revoluta* Thunb. (Cycadaceae) on the Ryukyu Islands: Very low genetic diversity and geographical structure", *Plant Syst. Evol.*, 288: 177-189,
Wang, D.1996, *Cycads in China*, Chapter 4, Taxonomy of *Cycas* in China : pp.103. Guangdong Science & Techonology Press, China.

暮らしの中のソテツ

安渓　貴子

ソテツへの熱い思い

二一世紀になった今も奄美にはソテツに熱い思いをよせる人が多い。

二〇〇三年に榮喜久元さんの『蘇鉄のすべて』、二〇〇八年に屋崎一さんの『島の蘇鉄文化と由来』、と相次いでソテツに関する本が奄美の人によって世に出た（榮 二〇〇三、尾崎 二〇〇八）。わたしどもの「聞き書き・島の生活誌」シリーズも、二〇〇九年に『ソテツは恩人――奄美の暮らし』を出版した（盛口・安渓編 二〇〇九）。また、本書の著者のひとりで久米島出身の上江洲均も一九八〇年代からソテツへの思いを語ってきた（本書「『蘇鉄かぶ』のこと」参照）。

榮（二〇〇三）は、「奄美を象徴する植物は何かと問われるならば、私はまず蘇鉄と答えます」と述べ、その理由を、「沖縄から九州南端の間にだけ自生している、日本では一属一種の植物であるということと、島の暮らしに広く深く結びついているということからです」と述べている。

ソテツと島の暮らし

奄美の島々の暮らしの中では、ソテツはなによりも幹と実から澱粉をとる食料であった。そして多くの地域では毎日食べる日常食でもあった。だから美味しく食べるためのこまやかな工夫をいとわなかった。

幹から毒抜きしてとった澱粉は餅のように丸く固めて乾燥し（図1）保存した。昔はどの集落（シマ）を歩いてもこれが干してあったものだ。臼で搗いて粉にして米の粥に入れたり（図2）、粉を水で溶いて団子にしたり、菓子をつくったり、もち米と混ぜて餅にした。醤油味でも、好みで砂糖を入れることもあった。米がないときはそれだけでも粥にした。また発酵を終えて粉にする前のものを洗って煮て食べることもあった。飢饉のときにも生活を保証してくれる大切な救荒食だった（榮二〇〇三）。

赤い実は殻を取り除いて、臼で砕いてから水に晒して毒を抜き、米とともに粥にしたり、団子にしたりした。ソテツ澱粉に麹をつけてつくるソテツ味噌は色が赤くきれいでおいしい。これは今でもつくられ売られている（図3）。焼酎もつくった。

ていねいに水晒した澱粉は風味の良い良質の優秀品として重宝がられ、ことに胃腸の悪いとき、重湯にし

図 1.　ソテツ澱粉の団子

図 2.　ソテツ澱粉と米の粥。小豆も入っている。

図 3.　ソテツ味噌

たり混ぜ粥にして食べると効き目がよい。沖縄の八重山では下痢止めに最もよいとされてきた（宮城 一九七二）。有毒成分があるのを利用して生の実をつぶして傷薬とした。また葉をお茶の代用とした（榮 二〇〇三）。

ソテツをめぐる季節

奄美の島々では、お正月の二日には「仕事はじめ」として、畑の境界などで芽を出して育っているソテツの苗を集め、山の上や崖、山のソテツ畑などに植えに行くものだった。年中行事については次節の「奄美・年中行事のなかのソテツ点描」で述べる。

花が咲く梅雨の頃には、ソテツにからんだツルや草、灌木をはらい、ハブに注意しながら雄花を取って雌花に花粉をかけてやる。こうすれば確実に種の収量がふえた。やがて一〇月か一一月になれば雌株の頂きに赤い種が熟す。これをはしごをかけて収穫し、背負い篭に詰めて家に持ち帰った。皆で集まって刀や押し切りなどで種を割ったものだった。

ソテツの葉の大切さ

葉は窒素やミネラルが多く田畑の肥料によい。これについては本書の「琉球列島の里と自然のソテツ利用」で紹介する。子どものとき学校から帰ると、田にソテツの葉を踏み込まされ、素足にトゲがささって痛かったという話を奄美大島や加計呂麻島の各地で聞いた（盛口ら 二〇〇九）。ソテツの葉の灰は田に入れると稲のできがよい。灰を求めて、大正時代まで八重山の西表島では舟に稲束を積んで五〇キロの海路をこえて黒島まで物々交換に行った（安渓 二〇一一）。

枯れ葉を燃料にした地域は多い。よく燃えるので焚きつけによく、山林の少ない地域ではほぼ唯一の燃料であった。生葉でアーチをつくったり、活け花用に売った。また、ドイツなどヨーロッパに輸出した経験もある。野菜の苗の風よけは今も畑でよく見かける。また、束ねて箒をつくった。

島々は耕地が狭く山がちなので段畑が多く、その境界にソテツを植えた。土砂流失の防止であり、また潮風に強いので防潮・防風林でもあった。岩場の土がほとんどないような岩場に植えてもソテツはよく育った。潮風にあたる所のソテツの澱粉はおいしいという。

図4．奄美大島大和村大金久のソテツ群生地。ここのソテツから澱粉を採る。

青い海を背景に海辺の崖に育つソテツの群生は今も奄美を特徴づける景観である（図4）。観賞用に小さく育てるものも歴史がある。本書の「『蘇鉄かぶ』のこと」の項を読んでほしい。

子供たちはソテツでおもちゃをつくった。種子を包む綿状のものを集めて芯にして糸でくるくる巻いて手鞠を作った。葉でつくる虫かご（図5）にはバッタやセミをいれた。また実の中の白い部分をえぐり出して笛をつくったり、豚や鳥などの動物の形をつくったり、二つに割った殻を竹に挟んで小川で水車をまわしたりもした（恵原二〇〇九、上江洲一九八七）。

そして、なにより人々がソテツを愛したのは歌のなかである。民謡、そして「赤いソテツの、実もうれる頃　……」と歌った「島育ち」などの流行歌・新民謡にもソテツが登場し全国で歌

われてきた。榮（二〇〇三）には、昔話・俳句・短歌・詩・小説もとりあげられている

本書では「ソテツの『美』を愛でる」の項でソテツへの熱いまなざしを語る。

さらに奄美には『南島雑話』という幕末の重要な史料がある。

南島雑話とは

一八五〇年代というから今から一五〇年ほど前、江戸末期の奄美の人々の生活、植物や動物について、たくさんの絵を交えて生き生きとくわしく記した資料として『南島雑話』がある。一八五〇年～一八五五年の足かけ六年にわたり奄美に滞在した名越左源太（なごやさげんた）が著者とされる。多くの写本があり、『南島雑話』は残された記録群の総称である。

最近の研究（河津 二〇〇四）により、名越左源太の滞在に先立つ一八二九年～一八三〇年に、大島に横目という役職で滞在した伊藤助左衛門によって著された『南島雑録』という史料の一部が、『南島雑話』にとりこまれていることもわかってきた。

これらの記録の背景には鹿児島藩による領内の島々の特産物調査の意図があったようである。先人の書いた『南島雑録』を、二〇年あまりのちに名越左源太が筆写しながら、さらに名越左源太自身の見聞と体験をつけ加えたものが、現在伝わる『南島雑話』という史料なのである。それらは、「記録した側の伊藤助左衛門

図5　ソテツ葉の虫かご（竹富島）。

や名越左源太の、奄美の人々に対する共感」に支えられて、絵も文章も生き生きとした記録となっている（河津二〇〇四）。

『南島雑話』中のソテツ

平凡社東洋文庫版の国分直一・恵良宏校注一九八四年の『南島雑話』にあるものを中心に紹介する。田畑・瀬尾（二〇一一）は「『南島雑話』にみる植物の利用」をまとめた。「出現する科の上位一〇番目までの出現数」という表（表1）を見てみよう。ここにはソテツ科が八番目にあがっている。

『南島雑話』には全部で五六〇カ所の植物の記載がある。分類からみると一二〇科あり、キノコなどの菌類から、花や実をつける被子植物まで多様なグループにわたっている。なかでも、栽培作物として重要なイネをふくむイネ科の出現頻度が飛び抜けて高く八六カ所であった。次いでマメ科、ウリ科、キク科、ヒルガオ科（サツマイモ）、アブラナ科など現在も野菜としてよく利用するものが二八〜二一カ所登場し、ソテツ科と、ドングリが実るブナ科が一七カ所であった。

つぎに、種（しゅ）として最も多く出現するのはモチイネを含む「イネ」で三三カ所、次がヒルガオ科のサツマイモで二一カ所、タケ類（イネ科）が二一カ所で、それに次い

表1　『南島雑話』に出現する科の上位10番目までの出現数（田畑・瀬尾2011から引用）

科　名	出現数
イネ科 Poaceae	86
マメ科 Fabaceae	28
ウリ科 Cucurbitaceae	28
キク科 Asteraceae	26
ヒルガオ科 Convolvulaceae	24
アブラナ科 Brassicaceae	21
バラ科 Rosaceae	21
ソテツ科 Cycadaceae	17
ブナ科 Fagaceae	17
バショウ科 Musaceae	15

でソテツが一七カ所、イタジイ（ブナ科）一四カ所であった。ソテツはイネやサツマイモと同等に、日常的に利用されていたことから、伊藤助左衛門や名越左源太の関心をひいたことがわかる（田畑ら二〇一一）。

「蘇鉄之事」

『南島雑話』の「蘇鉄之事」という見出しには、ソテツを多く植えて凶作の年に備えていることと、ソテツの植え方・育て方、さらに食べ方がくわしく述べられている。

苗を一〇月一一月に植えると根の出がよく、翌春の芽もよく出る。苗に土を半分くらいかけて根元を搗き固めておくとよい。葉を切って植えると風に強い……、などなどことこまかに記述されている。

ソテツの幹からの澱粉はほぼ年中採れるが、多く採れるのは新芽が出る前の三〜四月である。ソテツには毒がありそのまま煮て食べると死ぬこともある。だから澱粉の製法には念を入れる必要があるとして、製法を絵入りで詳しく述べている。これについては本書の「ソテツの三つの毒抜き法」で名越左源太の絵もまじえて紹介する。

「島民食物之事」

大島の食について『南島雑話』では次のように述べている。

この島は米が少ないので、唐芋（甘藷、サツマイモ）を多く植えて第一の日常食としている。唐芋が不作の時は蘇鉄を常食として、そのほかに木の実、草の葉、海苔類を食べる。その組み合わせや配合を一六例あげているが、ソテツを使った食事としては二つあって、

一、十人に蘇鉄（粉）一升、米一合を入れて食べる（ソテツのうすい粥）。
一、十人に蘇鉄（粉）一升、水粥にして飯料とする。これをドガキと呼ぶ。

このほかに、ソテツを用いた食べ物として、ソテツ澱粉で造る味噌や、さらに蒸留酒も造ると書かれている。「ベラ餅」はソテツ澱粉に餅米を混ぜて砂糖を加えバショウの葉に包んでつくる蒸し菓子。「蘇鉄餅」はソテツ澱粉で餅をつくり醤油で煮て食べる、など、恵原（二〇〇九）の『奄美生活誌』にある人々の暮らしが一五〇年前すでにくまなく描かれているのに驚く。

引用文献

安渓遊地　二〇一一「隣り合う島々の交流の記憶――琉球弧の物々交換経済を中心に」湯本貴和編『島と海と森の環境史』文一総合出版二八三～三一〇頁

恵原義盛　二〇〇九『復刻奄美生活誌』南方新社（初版一九七三木耳社）

屋崎一　二〇〇八『島の蘇鉄文化と由来』著者出版

河津梨絵　二〇〇四「『南島雑話』の構成と成立背景に関する一考察」史料編集室紀要二九号、沖縄県教育委員会一～二八頁

榮喜久元　二〇〇三『蘇鉄のすべて』南方新社

田畑満大・瀬尾明弘　二〇一一「『南島雑話』にみる植物の利用」安渓遊地・当山昌直編『奄美沖縄環境史資料集成』南方新社五七七～六一八頁名越左源太（國分直一・恵良宏校注）一九六四『南島雑話』平凡社

名越左源太（国分直一・恵良宏　校注）　一九八四『南島雑話』（全2巻、東洋文庫）平凡社

宮城文　一九七二『八重山生活誌』沖縄タイムス社

盛口満・安渓貴子編　二〇〇九『ソテツは恩人――奄美の暮らし』「聞き書き・島の生活誌②」ボーダーインク

上江洲均　一九八七『南島の民俗文化』ひるぎ社

奄美・年中行事のなかのソテツ点描

町　健次郎

正月の風景から

奄美大島は、今もいたるところにソテツが繁茂するソテツ天国である。同島のソテツをめぐる食利用は、人々が意図的な植栽によって畑などに群生する景観を出現させてきた点で立派な作物であった。しかし、一年ごとに反復して行われる年中行事の機会を捉えて、イネのように直接的に作物の成長や収穫を祝福する儀礼をともなってきたわけではなかった。ただ、それでも奄美大島の年中行事を俯瞰してみるとき、控えめながらも、毎年反復してソテツが登場する場面があることに気がつく。ここではその点描をあげておこう。

まず、正月の風景の中からみてみよう。奄美群島では、正月二日の午前中、農事の初仕事として、ソテツの株を植栽することが広く行われていた。この慣行の呼称を各市町村誌の記載から列挙しておくと、南から、与論島では「ハチパル（初原）」、沖永良部島では「ハチバル（初原）」、「ハツオコシ（初起し）」、徳之島では「ハチバル（初原）」、大島北部の笠利では「サクノイワイ（作の祝）」、龍郷では「ハチシグト（初仕事）」、大島南部の瀬戸内町一帯では、「ミイシゴト（新仕事）」、「ハツバル（初原）」、「サクハジメ（作始め）」、喜界島では「サクハジメ（作初め）」と呼ばれていたようである。なかには田畑にクワ入れをするという例もみられるが、ソテツ植栽を伝えるものが圧倒的に多い。

その様子を一例紹介しよう。与路島では昭和四〇年頃まで、正月二日に仕事初めと称してソテツを植えていた。山にソテツの根株を持っていき、すでに成長しているソテツの木々の間で空いているところを探して植えていた。この時に植えるソテツは、赤い実をつけるメスと実をつけないオスのどちらを選んでもよかった。一般的に、デンプンは幹よりも実の方の食味が良いと評価されているが、その赤い実をつけるメスの木ばかりを集中させると、いずれ雄花の花粉の調達が必要となってくるため、植えるときはその畑に応じた比率を考えながら植えるものであった。このとき土中に植えるのは、種子ではなく、根から分けた株である。種子の段階でオスとメスを見分けることはできないが、メスの木の下から出てくる株は必ずメスであり、オスの木の下から生えてくる株は、必ずオスであるという知識に基づいて株分けは行われていた。植え終わると、家に帰って「サクムケ（作迎え）」の祝いをした。

このように、仕事始めに植える作物がソテツであったことの理由は、もちろん、飢饉への備えの意味もあろうが、ソテツの植え付け時期そのものが、寒のある一、二月頃に行われていたことに、正月という節目が重なっていたことにもよるとみられる（『宇検部落郷土誌』一九九六）。

では、奄美群島で正月二日にソテツを植える慣習は、鹿児島や沖縄ではどうであろうか。

まず、鹿児島一帯での正月仕事始めは、二日から四日の辺りに、伐採道具であるナタや畑を耕すクワなどの農具の使い始めを行うことが主流であったという。薩摩半島では「フツカヤマ（二日山）」、大隅一帯では「ヤマンクッアケ（山の口開け）」と呼び、ナタやカマを持って山に行き、薪をとってきたあと、ナタに供えてあったモチを汁にして食べていたという（小野　一九九二）。

そして沖縄では、正月二日を仕事始め、農事始めの日とし、奄美群島での呼称に通じて「ハチバル（初原）」、「ハチウクシ（初起こし）」と呼んでいた。農機具を家の前に出して御酒、花米などをそなえ、一年中の豊穣や息災を祈っていたようである。沖縄島北部の国頭では、早朝に家族のうち男子一名が田に行ってクワで三回掘り起こしていたという（『沖縄県史』一九七三）。

およその俯瞰であるが、概して、正月の仕事始めの民俗をめぐっては、鹿児島や沖縄では「農具の使い始め」としての意味が大きいのに対し、奄美群島では「作物の植え始め」としての意味が大きかったと目される。ソテツを正月二日に植えることは、奄美群島一帯の特色ある慣行とみられる。

次に、モチを小枝に飾る行事に注目してみよう。全国各地には、正月十五日を中心とする前後の期間を「小正月」と呼び、農作物の予祝として、モチを丸めて木の枝にさして飾る慣行がある（『日本民俗学辞典』一九九九）。鹿児島では「メノモチ」という。この呼称の意味は、人々の間では穀物の穂の実りを意味する「実の餅」と思われているが、本来、養蚕の繭が豊かに木についた「繭の餅」の意であるという（小野 一九九二）。

これと同系の行事は、奄美群島では、大島・喜界島・徳之島で行われていた。奄美大島の南部では、「キンナリ」、「コガネモチ」（『瀬戸内町誌』一九七七）。徳之島では「ヤナギムチ」、「マユダマ」と呼んでいた（徳之島町誌 一九七〇）。現在も盛んに行っているのは、奄美大島北部あたりで「ナリムチ」と呼んでいる。一月一四日にブブギ（リュウキュウエノキ）の小枝に赤、白など着色されたモチを刺したものが市場などの店頭では商品として販売もされおり、それを床の間や仏壇、墓に飾っている（図1）。しばらく飾られたナリムチは一月一八日に下げて、サツマイモと混ぜたヒキャゲと呼ぶ料理

図1．ナリムチ（店頭販売の様子）

にして食べる。

このナリムチは、鹿児島本土以北に通ずる慣習であることから、北から入ってきたとおぼしき行事である。その呼称も、鹿児島のメノモチの「メ」が「実」と解釈されてきたのに対し、島の言葉で「実」を「ナリ」ということからすれば、双方の語彙そのものの構造も近い。

大島ではソテツの実のことを「ナリ」と呼ぶ。今でこそ「ナリムチ」は一様に米の餅飾りであるが、笠利の付近では白いモチのほかに、ヨモギやソテツのナリで作った餅を細かく切って小枝にさしていたという（『笠利町誌』一九七三）。この事例などは、当初、ソテツの「ナリ」で団子を作って飾っていたことから「ナリムチ」なる呼称が与えられたことを思わせる。おそらく、米が貴重な時代であればあるほど、時期的に収穫を終えて蓄えられたばかりのソテツのナリが用いられていたことだろう。

ソテツのアーチ

奄美大島では、旧暦八月十五日、アラセツ、シバサシといった伝統行事の期日前の土日祝祭日に集中して、集落単位で敬老会、ジュウゴヤとも称されている、豊年祭が行われている。その内容は、主に相撲と伝統芸能、余興で構成されている。集落在住者はもとより、集落を出ている出身者も足を運ぶため、集落の一大行事となっている。

ここに紹介するのは、大島南部に位置する宇検村芦検（あしけん）での、平成二五年度豊年祭準備の一風景である。芦検を含む宇検村一帯では、出身者の帰省を考慮して夏休み期間中の八月に豊年祭が行われている。芦検では、奄美大島内で唯一、会場となる広場入口にソテツ葉を用いたアーチを作ることが伝統化している（図2）。

昭和初期には「モン（門）」と呼んでいたと年配者は語る。いつ頃から作られるようになったのか、その正確な年代は不明である。

アーチ作りは、その豊年祭二日前の八月一七日、夕方五時半からはじまった。広場に児童生徒と保護者が集合し、葉の刈り取りに向かう中学生班、川の石ひろいをする小学生班に分かれた。青年団は会場のテント作りに取りかかる。中学生班は、アーチに必要なソテツ葉、約五〇〇枚を調達する。ソテツ葉を取る場所は、復帰後しばらくまではリアカーをひいて集落内各所から自由に集め回っていたが、近年は役場裏の斜面から採集している。刈り落した葉は、数えやすいように一〇枚ずつの束にして集めて紐でくくる。ソテツ葉は何でもよいわけではなく、葉が変色しているものや形が曲がっているものは除かれる。それをナタで真ん中から切断し、葉の先端部のみをアーチに使用する。こうした作業は、戦前は大人が集まって行っていたが、復帰後あたりから子ども会が担うようになった。小学生の班は並行して、集落内の川底を深くするために石をさらう作業を行う。これは持ち帰った葉が当日枯れて色が悪くならないように、川の水に一晩浸しておくための場所づくりである。

図2　宇検村芦検のソテツアーチ

翌朝九時、アーチの飾りつけが行われた。すでに大人たちによって設置されていたアーチの骨格は、軸となる木材の支柱を約二〇本の竹で取り囲んだもので、芦検のアルファベット頭文字である「A」の形状をなしている。児童生徒はソテツ葉を竹の間にさしこんで青々としたアーチを完成させていく。

ソテツアーチは関西や関東など島外での出身者同士の親睦会でも、世代を超えて思い出話として話題にのぼるという。また、宇検村の体育大会では、芦検チームの入場の際に、会場にあらかじめソテツアーチを作ってそこから入場していたこともあったという。このソテツアーチ作りは、芦検の人々が代々経験してきたものであることから、故郷をつなぐ表象になっているようである。

なお、奄美群島におけるソテツアーチそのものは、集落行事の場ではなく、むしろ学校の運動会などで作られていた。それも復帰後しばらく続いていたが、今ではほぼ作られなくなった。

ソテツ葉を奉納する

ソテツの葉を神社の祭壇に奉納するという珍しい祭が、奄美大島南部、瀬戸内町清水（せいすい）の厳島神社で行われている。毎年、旧暦九月六日の夜、集落民が家族の健康祈願のために神社に参拝する。線香をあげて拝み終えると、境内のテントや社殿内で歓談する。以前は酒を飲んだり唄ったりして朝まで過ごしていたことから、夜更かしをするという意味で「ティーヤ（通夜）」と呼んでいる。

明けて早朝、まだ暗いうちから再び集まる。人々は手にソテツの葉を持って一列になり、広さ八畳ほどのコンクリートの社殿を左方向にぐるぐると小走りで回る。そして、開け放たれている窓からソテツ葉をちぎって中に投げ入れる。本来は、針のような葉を、一周するたびに一本ずつ投げて入れていたというが、現在は人が少なくなったため、適当に数をちぎって投げいれている。ソテツ葉を投げ入れる人々は、呪文のような掛け声として「ヒヨ、ヒヨ、ヒヨ」と唱えながら回る。その意味と由来は全く伝承されていない。

社殿内には枚数を数える担当がいて、次々と投げ込まれてくる葉を一〇枚ずつの束にしていく。その束のなかから一枚抜いたものを「サニ」と呼び、これが百枚集まったところで束にする。これを一〇組作って半紙に包み、一年間祭壇に供える。祭壇に供える葉数こそ計千本であるが、実質、数えた葉の総数は一万枚にものぼることになる（図3）。

年配者にとっては過酷とも思える社殿を何度も回る行為は、以前は子どもの役目であったという。子どもの参加が多かった昭和三〇年頃までは、朝早くから四〇名余りが集まっていたという。これを朝日が昇る前までに終えなければならなかった。

朝日が昇り辺りが明るくなってきた頃になると、集落の人々が三々五々、各自容器を持参してやってくる。そして昨晩から祭壇に供えていた、米粉とすりおろしたサツマイモを発酵させたミキ（約六〇キロ）と小さな丸餅、生米を早朝の参拝者に平等に分ける。生米の方は、その場に参集できなかった各戸にも配布される。

年配者によれば、この行事は、清水の集落に人間がもっと増えますようにとの願いをかけた行事であるという。ソテツ葉に与えられた「サニ」という語彙はそれを肯定するものである。奄美・沖縄の島々の民俗行事でサニなる語彙が出てくるとき、そこでは人間の〈骨〉や〈種〉などの《核》を見出す原理が認められて〈人口増加〉や〈生命力の増強〉が祈願されている（町二〇〇四）。

ソテツ葉は、直線状の針のような葉を多く持っている。その一

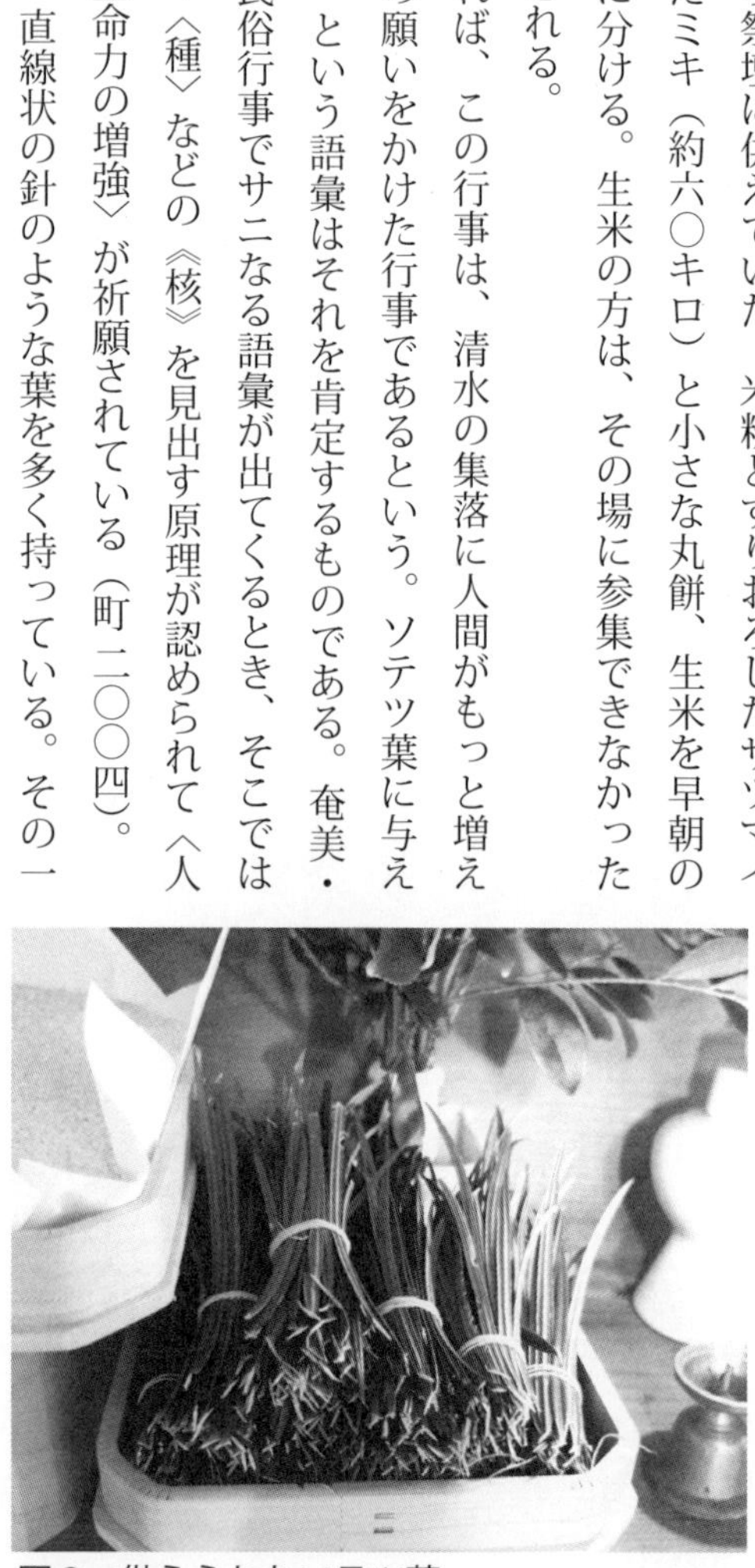

図3．供えられたソテツ葉

本一本を数えることは、人間一人ひとりを数えることでもあったのだろう。おおげさな物言いかも知れないが、清水の人々は、ソテツ葉に集落繁栄の願いを託してきたのである。

引用文献

伊仙町誌編纂委員会　一九七八『伊仙町誌』伊仙町
宇検部落誌編纂委員会　一九九六『宇検部落郷土誌』宇検部落郷土誌編集委員会。
沖縄県教育委員会　一九七三『沖縄県史二三――民俗』沖縄県
小野重朗　一九九二『鹿児島の民俗暦』海鳥社
笠利町誌編纂委員会　一九七三『笠利町誌』笠利町
喜界町誌編纂委員会　二〇〇〇『喜界町誌』喜界町
下野敏見　一九七一「奄美大島のナリムチ」『やどり』第9号、瀬戸内郷土研究会
瀬戸内町誌編纂委員会　一九七七『瀬戸内町誌――民俗編』瀬戸内町
龍郷町誌編纂委員会　一九八八『龍郷町誌――民俗編』龍郷町
知名町誌編纂委員会　一九八二『知名町誌』知名町
徳之島町誌編纂委員会　一九七〇『徳之島町誌』徳之島町
福田アジオ他編　一九九九『日本民俗学辞典』上、吉川弘文館
町健次郎　二〇〇四「サニの民俗」『南島研究』南島研究会編
与論町誌編纂委員会　一九八八『与論町誌』与論町
和泊町誌編纂委員会　一九八四『和泊町誌』和泊町

ソテツの三つの毒抜き法

安渓　貴子

タピオカの毒抜きの研究から、ソテツの毒抜きへ

人類があえて毒があるものを毒抜きして食べてきた代表は「キャッサバ」である。沖縄では「タピオカ」、「キーウム（木芋）」と呼んで、キャッサバのなかでも毒が少ない品種の芋を摺り下ろして水に晒した澱粉を食べてきた。世界の熱帯の食料として今、最も有望視され栽培が伸びている。熱帯雨林でも乾燥林でも、やせ地でもそこそこ育ち、収量が高く、茎や葉にも毒があるので、ネズミやサルなどの獣の害、バッタなどの虫の害にあいにくいからである。

私は一九七四年から沖縄の八重山地域で植物や食生活について学んだ後、一九七八年から八〇年にかけてアフリカで暮らした。そこで見たキャッサバ芋の食べ方・毒抜きの仕方は実に多様で面白かった。キャッサバは南米原産で、奴隷貿易の奴隷が海を渡るときの保存食料としてアフリカ大陸に持ち込まれたのだが、ごく短期間に大陸全体に広まり、食べれば死ぬこともある青酸という毒を抜いて食べている。その食べ方は地域によって色々で、原産地アメリカにはない方法が多い。毒抜きの方法を原理から整理してみると、そこに毒を乗り越えた人々の知恵と文化の広がり、そして新しい作物が大陸全体に広がっていく歴史を読み取ることができて、「キャッサバの来た道」を書いた（安渓貴子二〇〇三）。

アフリカのキャッサバの経験は、どんなに複雑に見えても原理から整理すると見えてくるものがあることを私に教えてくれた。だから、二〇〇六年からの五年間に「奄美・沖縄」をあらためてテーマにしたとき、

毒があるのに実と幹に貯えられた澱粉を食べる「ソテツの毒抜き」を調べようと思いたった。
その結果、もうひとつの有毒な栽培植物とヒトとの関係が見えてきたのである。

毒抜きは複雑でこまやかな技法、すっきりとは理解できなかった

奄美ではいたる所にソテツが美しい景観をつくっている。食べ方を聞くと毒抜きの手順は複雑で、奄美・沖縄ともに村誌・町誌にも書かれていて、知れば知るほど多様であった。

さらに、琉球王国の傑出した政治家として知られる蔡温が一七三四年に農業の手引き『農務帳』を著して、救荒食としてソテツを植えさせて飢饉に備えるよう各間切に通達を出し、その安全な食べ方を『農務帳別冊（第三）』に記していた。澱粉が詰まった幹を部分に分けて、それぞれについて具体的で細かい技術が書いてある。それを読むと手順が複雑で、幾通りもあり、毒抜きの決め手が見えてこなかった。

そんななか、粟国島で自分自身がソテツを畑から採取し、毒抜きの体験をすることで、その複雑である理由が見えてきた。そして手法の整理が可能になったのである。

「毒」の正体

ソテツの有毒成分はサイカシン（cycasin）という配糖体である。

①サイカシンは、微生物がもつβ-D-グルコシダーゼという酵素によって分解され、糖がはずれてアグリコン（aglycon、非配糖体）のメチルアゾキシメタノール（methylazoxymethanol）になる。

②メチルアゾキシメタノールは容易に分解し、ホルムアルデヒドとジアゾメタンになる。ジアゾメタン

（CH_2N_2C）は不安定な物質で、水の存在下で分解して水と二酸化炭素とチッ素になる。

サイカシン↓糖＋メチルアゾキシメタノール

←

ホルムアルデヒド＋ジアゾメタン

③サイカシンとホルムアルデヒドは水溶性で、水晒しによって除くことができる。

④ホルムアルデヒドとジアゾメタンは容易に気化するので、加熱によっても除くことができる。

⑤ホルムアルデヒドは有毒で食べれば中毒をおこす。メチルアゾキシメタノールとジアゾメタンには発癌（はつがん）性がある。

以上のことから毒抜き法は、以下の三つが有効である。

・「水晒（さら）し」：サイカシンやホルムアルデヒドを水に溶して除く。またジアゾメタンは水があると容易に分解する。

・「発酵」：微生物のβ-D-グルコシダーゼの働きを利用してサイカシンを分解する。

・「加熱」：サイカシンの分解生成物ホルムアルデヒドとジアゾメタンは、容易に分解して揮発させることができるので、「加熱（煮ること）」も毒抜きを確実にする技術である。

毒抜きの原理によるタイプわけ

毒抜きの技術をまとめると、水晒し・発酵・加熱の三つとなり、その組み合わせから実際に行われてきた毒抜き法を、以下の三つのタイプに整理できた。

タイプA：水晒し↓加熱

タイプB：発酵↓水晒し↓加熱

タイプC：水晒し↓発酵↓加熱

タイプA：水晒し↓加熱

水晒しだけで有毒成分サイカシンを除くもっとも簡素な方法。

主に種子の毒抜き法である。種子は殻と呼ばれる種皮（赤い外層と堅い内層からなる）の中に将来の芽である小さな胚と澱粉を貯めた胚乳から成っている。胚乳には繊維質がほとんどないので、幹よりはるかに砕くことが容易だ。また、幹の内部の繊維が少ない「髄」の部分をこの方法で処理している地域がある。

手順は、

①ソテツの種子の固い殻をふたつに割って一、二日天日乾燥すると、胚乳が乾燥によって縮んで殻から容易にはずれるようになる。殻（種皮）を除き、澱粉が貯蔵されている白い胚乳だけにする。これを天日乾燥する。

②砕いて小さくする

槌で砕いたり、臼で搗いて粉状に小さくする。幹の髄ではすり下ろす場合もある。天日乾燥すると砕けやすくなる。

③水晒し
水に浸して有毒成分を溶出させる。上澄みが透明になるまで水を何度も換え、最後に沈殿した澱粉をとる。
④澱粉を集めて乾燥保存する。
二重にしたさらしの布袋に流し込んで水を切る。日光で乾燥し粉状になったものを保存する。

食べるときは、粉を、水を加えて団子にしたり粥に入れたりして、加熱調理する。砕かないで、内乳のまま乾燥保存する場合がある。これを食べるときは水で戻してから②→③の操作をする。


幹は発酵を伴うタイプBかCでないと毒が抜けない

幹は直径一〇センチ前後あり、この毒抜き（水晒し・発酵）をするために小さな切片にする。しかし幹は水晒しだけではサイカシンを除去できず、微生物による発酵を用いる。

発酵の過程で主要な役割をはたすのは、カビの仲間である。カビのもつ酵素β - D - グルコシダーゼのはたらきでサイカシンが分解され、ホルムアルデヒドとジアゾメタンになる。それと同時に、カビはセルロースなどを分解し、繊維も柔らかくするので砕き易くなる。

発酵は目的にあったカビを速やかに発生させることが重要で、地域によっていろいろな工夫が見られる。

タイプB：発酵→水晒し→加熱
この方法は、繊維（セルロースなど）や粘性物質に被われた茎の切片を、カビによる発酵でサイカシンを分解し、分解産物を水によって除く。

カビによる発酵を成功させるために、切片にしたら日に当ててまず水分を減らし、生乾きにしてから、容器や袋に閉じ込めて保温と水分調節をしながら発酵を進める。発酵が終わると、繊維部分もカビによってかなり分解されており、容易に搗きつぶされる。水の中に入れながらほぐれた繊維を除き、澱粉が沈殿するので水を何度も替えて有毒成分を除く。

以下は、二〇〇八年の粟国島での玉寄武一さん・スミさんご夫妻のご指導による体験と、竹富島での体験に加え、加計呂麻島西安室の茂村真男さん・禱美好さん（二〇〇七年、二〇〇八年）、奄美大島大和村戸円のAさん（盛口ら二〇〇九）に直接うかがったお話と、徳之島天城町廻トメさんからの聞き取り（榮二〇〇三）からまとめたものである。

まず、幹（茎）の構造をここで紹介する。幹の断面（図1）は外側から、鱗片のような爪に被われた表皮、続いて皮相と維管束、まん中は繊維が少なく均質な髄である。皮層と髄に澱粉が多く詰まっている。鱗片部は葉柄の基部が残ったもので、この部分はたいへん固く、ここは取り除く。その内側の皮層はやや柔らかいが繊維が多く、粘性がある。その内側の維管束はほとんどが繊維から成っていて固い。中心部である髄は繊維が少なく均質で澱粉が多く柔らかい。食べるのは皮相より内側である。切りやすさから皮相・維管束部分と髄とを分けて切片にすることが多い（図2）。

図1　幹（茎）の断面

①幹を切片にし、日光で乾燥し生乾きにする。

切片にしてから二、三日日光にあてて乾かして水分を減らす（図3）。このことで、目的にあったカビをつきやすくする。水分が多いと雑菌がついて失敗する。

②半閉鎖空間をつくりカビにより発酵させる。

カマス、麻袋、テル（篭）などの内側に、ワラや糸芭蕉の葉を敷き、その中に切片を入れる。俵やダンボールの箱の中などでもよい。保温に気をつけると三、四日で発酵がすすみ熱をもってくる。黄色いカビがついたら成功で、この時にはいい香りがするようになる（図4）。

一度覆いを開いて半日乾燥し、再び覆いをすると、黒いカビになる。やがて熱がおさまると発酵が終わる。手で折れるまで充分発酵させる。「折れる」ことで発酵の完了を確認する。この状態で乾燥すれば長期保存が可能である。

③澱粉を分離し、水晒し。（乾燥保存した場合は水に浸けてもどしてから）水でよく洗いカビを落とす。臼にいれ、杵で搗いてつぶし、大鍋やバケツに入れ、水の中で揉むと澱粉が沈殿する。ザルを通して繊維をとり除く。上澄みの水が澄んでくるまで三回くらい水を取り換える。晒の布を二重にした袋に入れて水を切る。団子にして日光で乾燥し、保存する（暮らしの

図2　皮相・維管束部分と髄とを分けて切片にする

図3　皮相・維管束（左上）、髄（右上）切片、実（下）の乾燥

なかのソテツ図1参照)。食べるときは、団子を水で戻し、くずして粉状にしてから加熱調理する。米のお粥にソテツ澱粉を入れて調理したもの(暮らしのなかのソテツ図2参照)はさらさらしてのどごしがよく暑い夏に食がすすむ。

②の段階でカビをうまく育てて毒抜きを確実にするには経験が必要で、さらに水さらしを終えて澱粉の団子の乾燥をおえるまでは気が抜けない。「三週間こっちにいるなら教えよう」とか、「いいカビがつかなかったり、雨が降ったりしてね、失敗することがあるよ」と言われたことが印象に残った。

種子にも、「タイプB」の方法を行う地域があり、その場合は種子の殻を割って胚乳を取り出したら、以下は幹と同じである。ただし八重山の黒島(増田二〇〇三)、竹富島(上勢頭同子さんと新田初子さんのご教示)、西表島干立(与那国美津さんのご教示)ではこの種子澱粉は黒っぽい仕上がりとなり(図5:中の澱粉は白い)、黒いものを食べる。

タイプC:水晒し→好気発酵→加熱:蔡温の広めた方法

タイプCは、蔡温の農務帳のソテツ処理の方法そのものである。そしてまた『南島雑話』に描かれた毒抜き法でもあった。『南島雑話』の図も参照しながら見ていきたい(図6、7、8)。

農務帳別冊には、ソテツの幹の外側から、「黒爪(葉柄)」「白爪(皮層・維管束)」、「芯(髄)」と表記され、

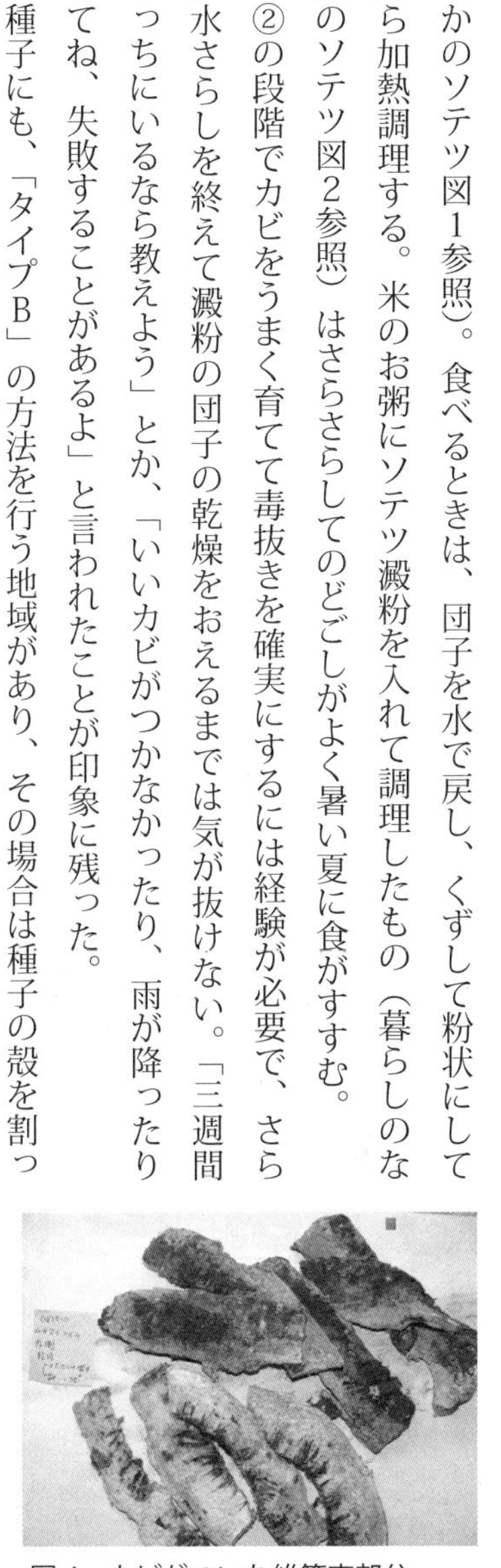
図4　カビがついた維管束部分

図5　黒いカビがついた実

毒抜きの手順が幾通りも書かれている。そのうちの「白爪」の加工の部分を以下に引用し（崎濱 一九八四）後にその訳をつけた。

黒爪の分は、けづり捨、白爪は一手にけづり集め、七八日程、日に干し、ふこりはたたき飛し捨、ふつふつ折候はば、清水に漬置日々に水相替、日数四日程には、取出結構洗、水気除き候間、日に当積、俵の内にばせをの葉立廻し入付、其の上よりネコボク、筵、カヤ、ススキ抔にておそひ置、三日程フメカシ候得ば、油気黄めに成候、此時取出し半日計日に当、曇天ならば風にそがし、又俵に入置、如斯二三度も仕候得ば、六七日には腐候て、煮芋の加減にやわらぎ、ほこほこ折申す等も有之、又折不中等も有之候、折候等は、取集其儘煮候て、干喰候共、粉拵仕置、米粟麦豆芋抔に相交、又は粉一味にても人々勝手次第焼候て、喰申候、又折不申等は、俵に入し、フメカシ、ホコホコ折候時取出用申候。

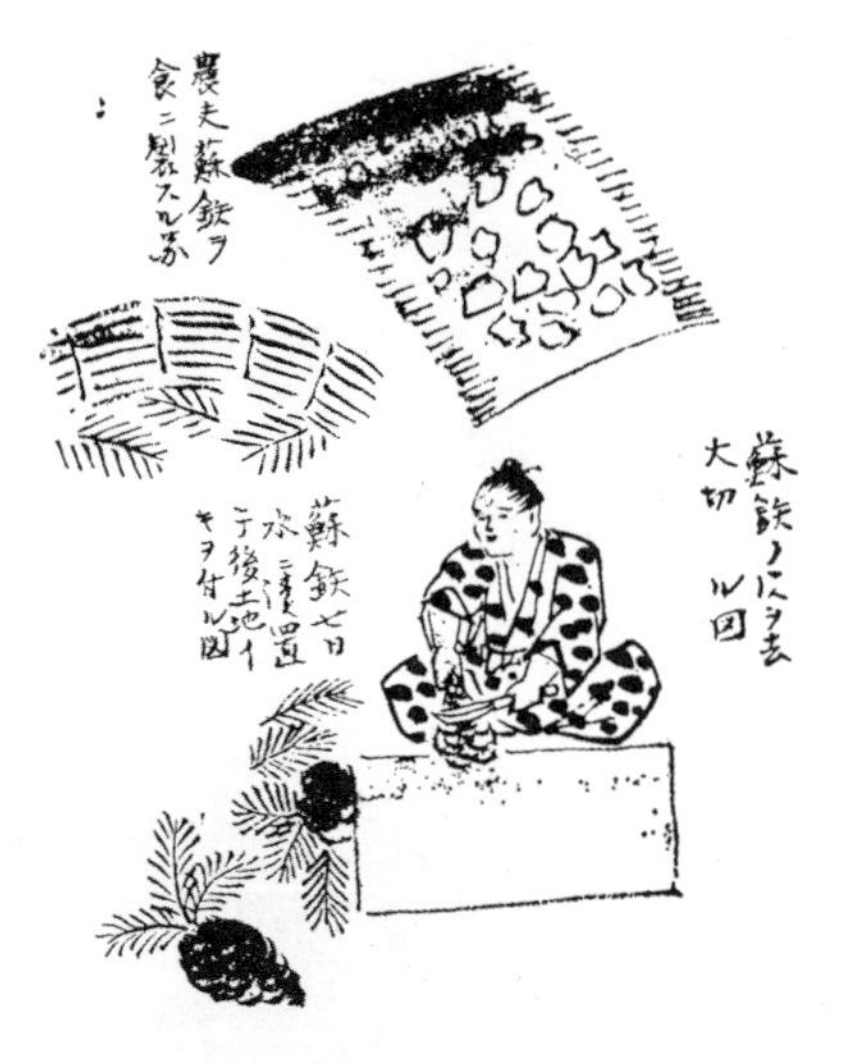

図6．ソテツの幹の外側の黒いツメを斧で除く。幹の切片がむしろに干してある。

訳：（外側の）黒爪の部分は削り捨ててから、白爪を削って集める。七，八日ほど日光に干して、ほこりのようなものはたたき飛ばし捨てる。ふつふつ折れたら、清水に漬け置いて毎日水を取り替える。四日ほどしたら取り出してよく洗う。

水気を除いて日にあてて積み、俵の中に糸芭蕉の葉を立ててまわしたものに入れる。その上から（縄を編んで作った大きな敷物）ネコブクや、筵（むしろ）、カヤ、ススキなどで覆っておく。こうして三日ほど発酵させると、油のようなものが黄色く出てくるので、その時に取り出して半日ほど日に当てる。曇天の場合は風にあてて、ふたたび俵に入れておく。こういうことを二、三度繰り返すと、六、七日もすればすっかり発酵が進んで、サツマイモを煮たもののようにやわらかくなり、ほこほこ折れるものも出てくるし、折れないものもあるであろう。

折れるようなものは、それを集めてそのまま煮て食べても、干して食べても、粉に拵えておいても良いし、米粟麦豆芋などに混ぜて食べても、また粉だけでも人々は好きなように焼いて、食べています。また折れないものは、俵にもういちど入れて発酵させ、ほこほこ折れるようになったら取り出せばよいのです。

蔡温の書き記した複雑な謎が解けるまで

蔡温の方法を毒抜きの原理にそって整理すると、

「乾燥＋水さらし」：切片にして、干して切片が手で折れるまで乾燥（前処理）。次に水に浸けて四日ほど、毎日水を取り替える（水さらし）。

「発酵」：水さらしを終えた切片を、干し（折れるほどではない乾

図７．ソテツの幹を運ぶ（右上）。幹を切片に刻む（下）。切り分けた芯「ヂク」（上）

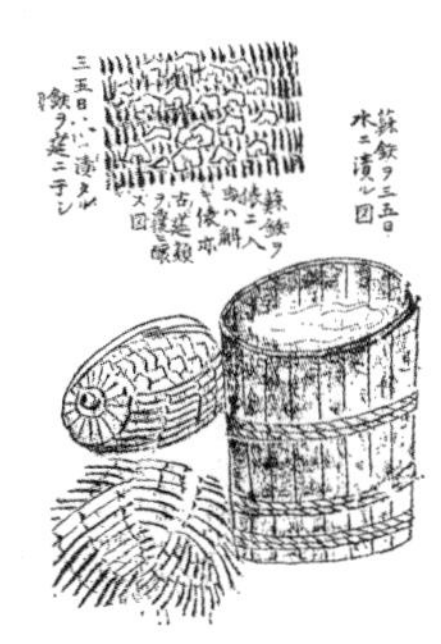

図８．切片を水につける（右下）。切片をむしろに干す（上）。俵に詰める（中）。芯を垣にかけて雨晒しにする（左）

燥、つまり生乾きの状態)、これを芭蕉の葉をしいた俵に詰めてむしろなどで覆っておくと黄色い油のようなカビがつく。一度あけて風に当て再び覆いをするとカビが全体にまわるので、切片が手で折れるまでかびさせる。

「加熱」:折れるまでになったらこれを煮て食べる(加熱)。干しても、搗いて粉にしてから食べてもよい。

タイプCは複雑に見えた。それは切片をいったん徹底的な「乾燥」状態にしてから水さらしする所にあった。乾燥が毒抜きにどのような効果があるのか? 乾燥という毒抜き法があるのだろうか? 暗礁に乗り上げていた私に、理解と整理を可能にしたのは、現場でやってみながら考えたことであった。

粟国島の玉寄さんご夫妻に指導していただいて、実際にソテツを採取してきた。幹の外側の堅い鋭い葉柄を刀で落とし、その内部を割った。堅いので斧や山刀でも手ごわい。山刀・オノ・ノコギリといった刃物で切ったり削ったりするが、堅い繊維が多い。切ると粘液が出て、これが乾くと固まって堅くなり、さらに切りにくくなってくる。最近ではチェーンソーで切ろうとして刃(チェーン)をだめにした人がいるという話も聞いた。発酵や水さらしには、できるだけ細かく小さくする必要があるのに、これでは小さくならない。どうしようか……。

ところが日光でよく乾燥すると「割れる・砕ける」のである。割れれば小さくなる。それを水につければ表面積が大きいのでふやけやすい。そして水を替えると固まっていた物質がすこしずつ溶け出てきた。なるほど、「乾燥」は有毒物質サイカシンの除去というよりは、幹が堅いことと、出てくる粘性の樹液が固まって扱いにくい事に対する処理法であり、毒抜きである水晒しを容易にするためなのだと気付いた。そして以下のように考えると理解ができるようになった。

幹のサイカシンの除去は水さらしと、カビによる発酵、蔡温の言葉で「フメカス」ことで行う。徹底した、水さらしと発酵を行うために、前処理が必要だったのだ。そして発酵（サイカシンの分解）が完了したことを「ほこほこ折れる」ことで確認する。後処理は、分解産物を（カビをおとすべく洗って）加熱すれば（煮れば）よいのである。謎が解けた。

しかし、さらにこれを臼で搗いて砕き、水に浸けて下に沈んだ澱粉を集め、加熱して食べる方法も書いてある。タイプCをもう一手間かけた用心深い方法「タイプC＋」ともいえる。実際、粟国島ではタイプCで処理したものを粉状にして保存していた。「タイプC＋」である。

毒抜き法の分布図

古文献・市町村誌史や字誌史・種々の報告に、フィールドワークの結果を加え、原理による毒抜きのタイプを調べた表を作った（表1）。

表は上から、奄美大島（一〜八）、奄美大島と沖縄島の間の島々（九〜一八）、沖縄島（一九、二〇、二五）、沖縄島周辺の島々（二一〜二四、二六〜二八）、宮古（二九〜三〇）、八重山（三一〜三九）と、ほぼ北から南に並んでいる。また、それを地図上に置いたのが図9である。

「種子の毒抜き法」として、タイプAが三分の二の地域でみられる
種子の毒抜き法として多いのがタイプAである。三九地域中二五地域、三分の二を占めている。種子をタ

イプBで毒抜きするのは七地域、タイプCは二地域である。種子がタイプAで処理されない地域では、幹の処理方法と種子の処理方法が一致している場合が多い。タイプBで種子・幹とも処理するのが四地域、タイプCで種子・幹とも処理するのが二地域ある。

幹の毒抜き法が書いてあるのに、種子については食べるとあっても毒抜き法は省略されているか、味噌の材料として書かれているだけのものが四地域あり、備考欄に「実も食用」と記した。農務帳には種子の処理法は書かれていない。種子はタイプAすなわち「水晒し」を繰り返すだけで毒が抜けるので、改めて書き記すまでもないとされたのであろう。このほかに八重山の黒島では幹は食べないで種子だけをタイプBで食べる。宮城（一九七二）に、石垣島での種・幹とも食べ方の記述があるが、竹富島では二〇〇八年に私が聞いた時には食べ方を知る人は少なく、種子は食べるが幹は食べないものになっていた。

素材を睨（にら）んだ毒抜き法

髄の部分をタイプAで毒抜きするのが四地域ある。このうち慶留間島、座間味島、与那国島の三地域は、いずれも髄の部分を摺り下ろしてから水晒ししている。慶留間島（上江州 一九八七）では、「切片にした茎の外側は豚の餌に、さらに内側をおろし金で摺り、水で流して布で粕をのぞく。（澱粉が）樽の底に沈殿するが黄色がかった水をすて、新しい水を入れることを何回もくり返し、のち澱粉を採ることができる」と記されている。慶留間島は茎をタイプCの発酵法でも毒抜きするとあるので、「茎の外側のブタの餌」はタイプCで処理しているのであろう。

もう一例は『南島雑話』（名越 一九八四）で、芯（髄）を真ん中から縦割りにして垣根にかけて一〇日間ぐ

表１　奄美・沖縄のソテツの毒抜き法の主要な３タイプとその分布

No.	島名・行政区分と字名	タイプ			出　典	備　考
1	奄美大島・旧名瀬市小宿	(A)a		C	南島雑話 1855	髄を別処理
2	奄美大島・旧名瀬市根瀬部	a		C	安渓 2007	
3	奄美大島・大和村大和浜	a		C	長田 2004	
4	奄美大島・大和村戸円	a	B		安渓 2009	
5	奄美大島・宇検村宇検	a	B		屋崎 2009	
6	奄美大島・瀬戸内町阿鉄	a	B		屋崎 2009	
7	奄美大島・瀬戸内町清水	a	B		盛口 2009	
8	奄美大島・瀬戸内町蘇刈	a	B		盛口 2009	
9	加計呂麻島・瀬戸内町秋徳		B+		安渓 2008	澱粉工場
10	加計呂麻島・瀬戸内町西阿室	a	B		安渓 2007	
11	与路島・瀬戸内町与路	a	Bb		屋崎 2002	
12	徳之島・徳之島町手々	a	B		上江州 1985	
13	徳之島・徳之島町花徳	a	B		上江州 1985	
14	徳之島・徳之島町母間	a	B		上江州 1985	
15	徳之島・天城町天城	a	B		上江州 1985	
16	沖永良部島・和泊町和泊		Bb		屋崎 2002	
17	与論島・与論町麦屋	a	B		町田 1980	
18	伊平屋島・島尻郡伊平屋村	a	B		上江州 1986	
19	沖縄島・国頭郡一帯			C	宮城 1987	
20	沖縄島・名護市勝山			C	勝山誌 1978	実も食用
21	伊江島・国頭郡伊江村	a		C	安渓 2009	
22	渡名喜島・島尻郡渡名喜村	a		C	沖縄県教委 1974	
23	慶留間島・島尻郡座間味村	(A)a		C	上江州 1983	髄を摺る
24	座間味島・島尻郡座間味村	(A)		C+ c	座間味村誌 1989	髄を摺る
25	沖縄島・島尻郡南風原など			C(C+)	農務帳 1734	髄を別処理
26	久米島・島尻郡久米島町			Cc	上江州 1985	
27	粟国島・島尻郡粟国村	a	(B)	C	安渓 2008	髄を別処理
28	渡嘉敷島・島尻郡渡嘉敷		Bb		増田 2003	
29	宮古島・旧平良市久松		B		上江州 1987	
30	多良間島・宮古郡多良間村	a			上江州 1987	茎を灰汁で
31	石垣島・石垣市石垣	a	B		宮城文 1972	
32	竹富島・竹富町竹富		b		安渓 2008	
33	黒島・竹富町黒島		b		増田 2003	
34	西表島・竹富町干立	a	B		安渓 2008	
35	西表島・竹富町船浮		B		仲立 1984	実も食用
36	西表島・竹富町網取		B		安渓 1984	実も食用
37	西表島・竹富町崎山		Bb		安渓 1977	
38	波照間島・竹富町波照間	a	B		仲底 2008	
39	与那国島・与那国町祖納	(A)a	B		安渓 2010	

タイプ A= 水晒，B= 発酵 + 水晒，C= 水晒 + 発酵．大文字は茎，小文字は実．

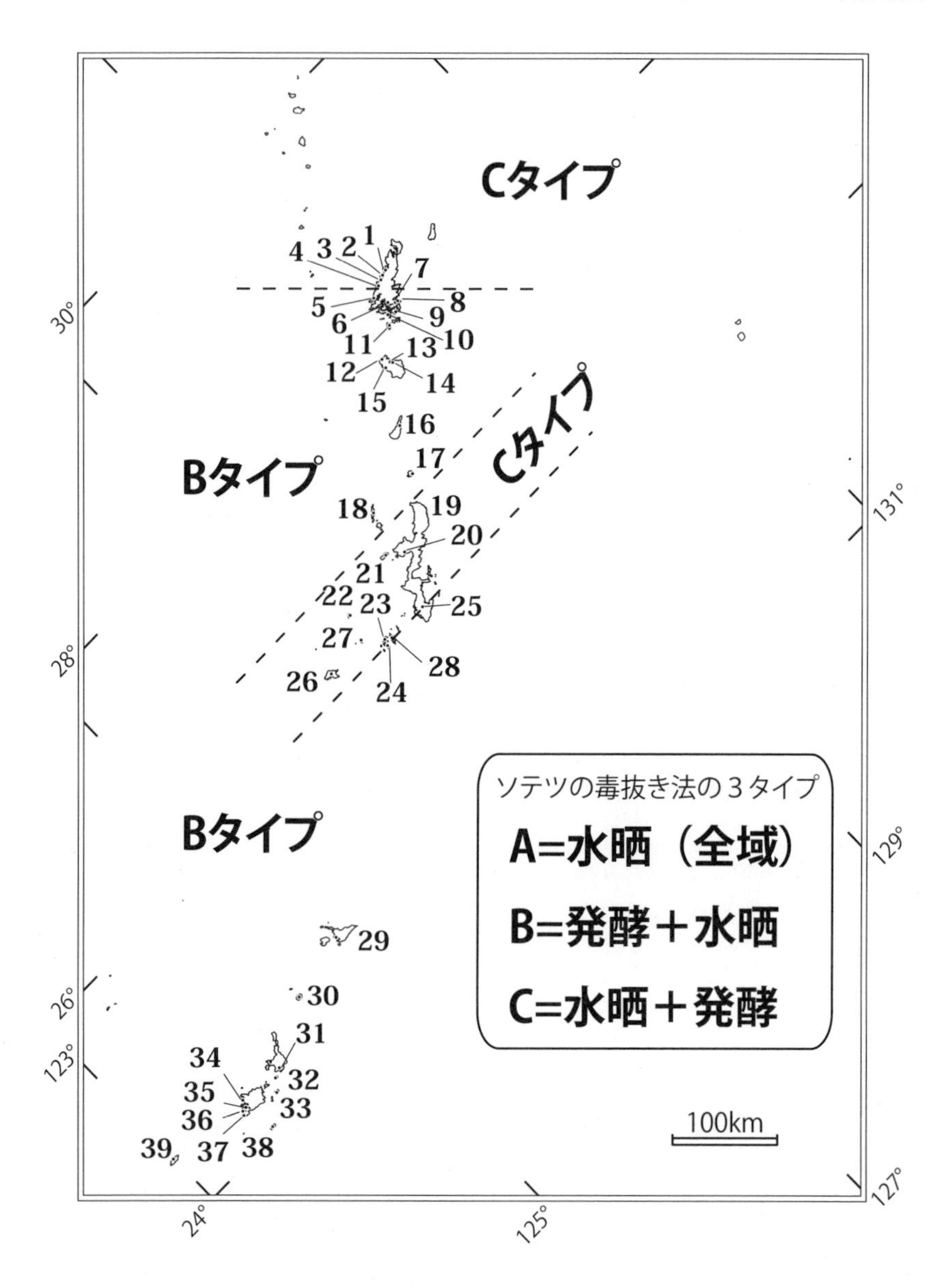

図９　奄美・沖縄におけるソテツの確実な毒抜き法のタイプ分け

らい雨ざらしにし（図8の左の図）、臼で搗きつぶして、桶の中で水晒しし、沈殿する澱粉を集めるというものので、これもタイプAだ。

粟国島では、種子はタイプAの「水晒し」で、幹の繊維が固く粘性物質が多い外側はタイプCの「水晒し→発酵」で、幹の繊維が少なく均質な芯（髄）の部分をタイプBの「発酵→水晒し」で毒抜きをしている。素材の性質（堅さや粘液物質の存在）を見極めて判断をし、三つの毒抜き法を使い分けているのである。

多良間島だけは茎の毒抜きに灰汁を用いている。本州や四国では、トチノミやドングリのサポニンなどの苦み・えぐみを除くのに灰汁を用いるが、ソテツの報告では今のところこの一例だけである。多良間島は政治犯の流人の島であったから、あるいは日本でのあく抜き法を知る人が教えたのかもしれない。

タイプCは政治の中心地での方法

蔡温の『農務帳』によって、複雑な前処理とカビによる発酵を用いるタイプCを紹介したが、沖縄島全島がこのタイプであった。さらに、進貢船の経由地であり、ソテツを中国から導入したという伝承をもつ座間味島や慶留間島、久米島、渡名喜島、伊江島などがこの毒抜き法である。沖縄島と大陸との間にある慶良間諸島は一四世紀以来、明との貿易船が風待ちをする避難港であった。「座間味島は貿易で栄えた島だ。毎年風を待って、風に乗って中国へ出かけて行ったと聞いている」と、座間味島ではエコツアーガイドの宮里芳和さんが海をはるかに臨みながら語ってくださった。タイプCは、地理的な分布から判断すれば、あるいは中国大陸から伝わった方法かもしれない。沖縄独自の方法であるとしても、政治の中心地からもうひとつの政治の中心地に後からもたらされた食べ方である可能性がある。

琉球王国に属していた奄美大島は、一六〇九年以降、薩摩藩の直轄地となり、それ以後は琉球王国の政治的な支配を受けなくなっていたが、興味深いことに、蔡温が一七三四年に「農務帳」に記したタイプCの毒抜き法が奄美大島の名瀬付近に見られる。蔡温の時代から一〇〇年後の一八五〇～五五年に薩摩藩の名越左源太が遠島の生活を送った際に書かれた「南島雑話」には、ソテツの記述が絵入りで書かれている（図6、7、8、口絵）。それがタイプCの毒抜き法で、「農務帳」の絵を見ているのではないかと思うほど似ている。名越左源太が暮らしたのは旧名瀬市小宿である。奄美諸島の分布を見ると、ここもまた政治的な中心である名瀬市、大和村のなかでも名瀬市（現在奄美市の一部）に近い根瀬部と大和浜がタイプCである。冊封使が中国から来たときのもてなしには奄美も貢ぎ物を出しているなど、相互の文化的な交流は江戸時代になっても続いていたのだ（知名町教育委員会二〇一一）。

注：宮古島は表では宮古の旧宮古市久松（上江州一九八七）でタイプBであるが、安渓ら（二〇一一）のあらたな聞き取りによると、宮古の城辺ではタイプCであった、しかしこの話者自身の語るところによると「おやじがソテツの植え方を沖縄に習いに行ったようなことを言っていましたが、くわしいことはわかりません」とのことで、あるいは那覇の知識が明治時代以降に加わった可能性もある。

タイプBは政治的には周辺の地域

タイプBは、タイプCと対照的に広い分布域をもっている。奄美の政治の中心地であった旧名瀬市と名瀬に近い大和村大和浜はタイプCだった。これに対して名瀬から遠い大和村戸円や、宇検村、瀬戸内町（阿鉄、清水、蘇刈）、対岸の加計呂麻島、与路島はタイプBである。奄美大島の南の徳之島は、上江州（一九八五）のていねいな聞取りによるといずれの集落もタイプBである。さらに南の沖永良部島もタイプBであった。沖縄島周辺では、伊平屋島と粟国島、渡嘉敷島、そして宮古島と八重山諸島がタイプBである。また、タイプCが主流である慶良間諸島のなかにあって、渡嘉敷島は私の聞き取りでも、また増田（二〇〇三）でもタイプBであった。

機械化された毒抜き法

最近は、機械化されたソテツの毒抜きを加計呂麻島で行っている。幹の鱗茎を取り除いた後、鉈や斧で大きく切って風呂桶ほどもある容器の中で水に浸けてふやかす。一週間か一〇日くらい水を取り替えて「あくを抜く」うちに柔らかくなってくる。これを粉砕器で砕いて室のような部屋に入れて、一〇日か一五日間ぐらい発酵させるとトロトロになる。これを篩に通して繊維を除き、水に沈殿する澱粉を水を何度も換えて水晒しする。最後に布で水を漉し、とれた澱粉は乾燥機で八〇度にあげて急速乾燥し、粉状の製品として販売している（図10）。

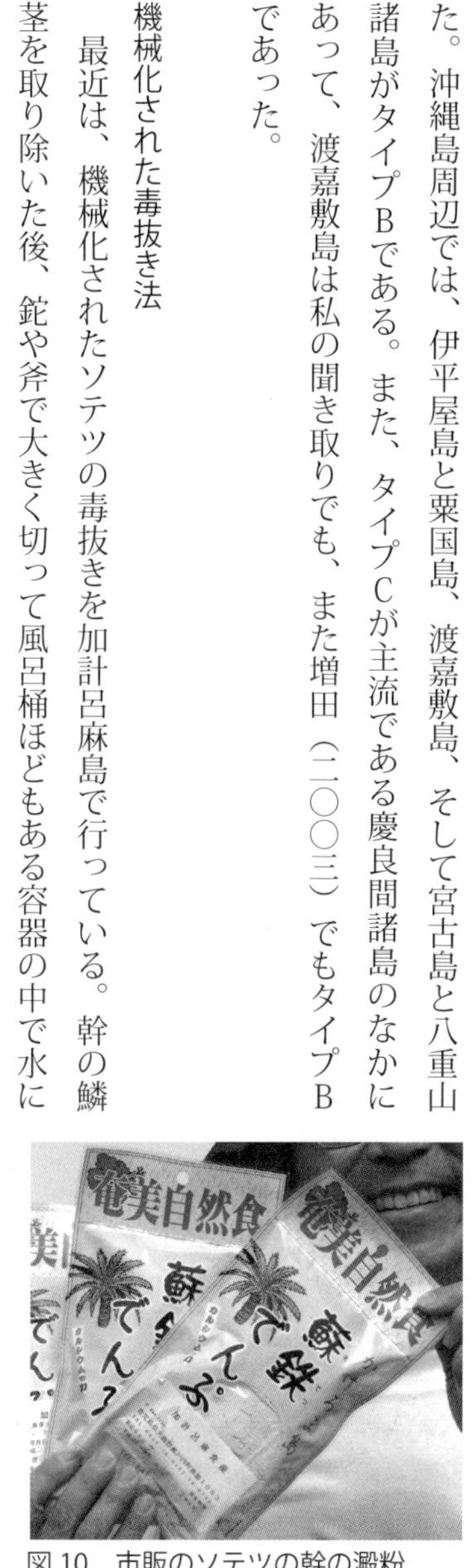

図10　市販のソテツの幹の澱粉

加計呂麻島のソテツの毒抜き法は、伝統的にはタイプBである。機械化の方法では「前処理」としての「水さらし」を追加したように見える。工場を見学した際にその理由をたずねたところ、一度に大量に素材を処理しようとすると、幹のもつ粘性の処理がたいへん難しいことから、あらかじめ水に浸けて水晒しによって粘性を減らして柔らかくすることで、機械で粉砕できるようになったという。粉砕によって均質化することで、その後の発酵による毒抜きを確実にしている。この発酵によってサイカシンを分解し、できたホルムアルデヒドとジアゾメタンを水に溶出させて除く。仕上げにこの澱粉を八〇度に上げて機械乾燥することで、残ったかもしれないホルムアルデヒドやジアゾメタンを分解・気化して毒抜きを完了させている。タイプBの毒抜き法の前に水さらしを付け加えた「タイプB＋」と一覧表では表記しておく。タイプCと異なるのは始めに「乾燥」がないからである。

機械化によるこのソテツ澱粉の需要は、ガンの末期の人でも喉を通る食物として医者からのニーズがあるのだと、製造者である徳田光男さんは医者からの手紙を見せて説明してくださった。宮城（一九七二）も「蘇鉄の澱粉は風味の良い良質の優秀品として重宝がられ、殊に胃腸の悪いとき、重湯に又は混ぜ粥にして与えると効き目がある。」と記している。

引用文献

安渓貴子　二〇〇三「キャッサバの来た道」吉田集而他編『イモとヒト――人類の生活を支えた根菜農耕』平凡社二〇五～二二六

安渓貴子　二〇一一「ソテツの来た道――毒抜きの地理的分布から見たもうひとつの奄美・沖縄史」安渓遊地・当山昌直『奄美沖縄環境史資料集成』南方新社、三六三～四〇四頁

上江洲均　一九八五「徳之島におけるソテツ利用について」『徳之島調査報告書』三　沖縄大学南島文化研究所

上江洲均　一九八七『南島の民俗文化』ひるぎ社

榮喜久元　二〇〇三『蘇鉄のすべて』南方新社

崎濱秀明　一七八四『蔡温全集』本邦書籍

知名町教育委員会編　二〇一一『江戸期の奄美諸島――「琉球から薩摩へ」』南方新社

名越左源太（国分直一・恵良宏　校注）　一九八四『南島雑話』（全2巻、東洋文庫）平凡社

増田昭子　二〇〇三「ソテツの民俗覚書」『民俗文化研究』四、七九―一〇三頁

宮城文　一九七二『八重山生活誌』著者発行

盛口満・安渓貴子編　二〇〇九『ソテツは恩人――奄美のくらし』ボーダーインク

◇コラム◇　先史時代のソテツとドングリ

木下　尚子

五千年前の沖縄にもソテツが存在したことが近年の発掘調査で明らかになった。今の所一例にすぎないが、大事な一例である。

出土したのは北谷町伊礼原遺跡(注1)の五三〇〇～五〇〇〇年前（一九五〇年から遡る）の層である。伊礼原遺跡は、琉球石灰岩の丘陵と段丘を背に東中国に面した低地にある。ここに七千年前（縄文時代早期併行期）から昭和戦前期までの長期にわたる人々の営みが残されていた。ソテツが検出されたのは段丘下の低湿地で、地表下約二メートルの層である（試掘坑№143第14層）。この層には九州の縄文前期土器（曽畑式土器）とともに、堅果類の夥しい破片がレンズ状に貯まって「どんぐり塚」をなしていた。ソテツはこの中にあった。

報告書によると、ソテツの実は長さ三七ミリ、幅二五ミリで、「両側にかすかな稜があり、表面には不規則で大きな枝状紋様がある」。実物の残りがわるかったのだろうか、報告書に写真が掲載されていないのが残念である。出土した層の堆積状況からみる限り、地表からの紛れ込みではなさそうである。ただこの例をもって、当時の人々がソテツの実を食べていたとただちにみなすことはできない。

それよりこの時期に、沖縄にソテツが自生していたかどうかの方が問題である。これについて気になる事実がある。ソテツと同じ第14層でショウナンボク（肖楠木）の材をくり抜いた大型容器（長さ六三センチ、幅二八センチ、深さ二七センチ）が出土している。この樹は台湾特産の常緑樹で、琉球列島に生育しない種だという。ショウナンボクはこのほかに第14層と第11層で木片や自然木としても出土している。第14層では同様に琉球列島になく台湾にあるコウヨンザン属（広葉杉）や「ヒノキ・タイワンヒノキ」（台湾檜）もみつかっている（能城 二〇〇七）。同じ層内の下位で海中の木食い虫による穴のある流木片がみつかっていることからみると、ソテツの実が南方から漂着していた可能性も、考えておく必要があるだろう。

ところで、ソテツを含む層の「どんぐり塚」には、シイ属果実（スダジイなど）がきわめて多量に含まれていた。「ほとんどの果実が3分の1もしくはそれよりも小さな破片に砕かれている。おおむね縦筋の方向に割れていることが多く、また不規則に割れているため、たたき石などによる打撃によって破砕されたものと考えられる」（辻ほか 二〇〇七：四三四頁）。シイ属果実（以下「果実」の表記を省略する）以外にはオキナワウラジロガシ、ウバメガシ、マテバシイ属が含まれ、このほか木本類ではアダン、ヤマモモ、クワ属、クロヨナ、センダン、アカメガシワ属、ショウベンノキ、シマサルナシ等、草本類ではカラムシ、セリ科、ナス属、カラスウリ近似種、ヒョウタンなどがみつかっている。これらは伊礼原遺跡人の生活空間にあった植物の残骸である。別におこなった花粉分析結果をもあわせて、報告書では遺跡周辺に照葉樹林（常緑広葉樹林）が成立していたと指摘する。現在のヤンバルにあるような森が、先史時代の北谷町一帯に存在したことになる。（注2）

五千年前の植物遺体をそのまま保存する低湿地遺跡は、現代に届いたタイムカプセルといっていい。この分析によって、先史時代の人々の主食がシイ類で、これを潰して澱粉をとっていたことがわかった。このことはこれまで推定されてはいたものの、実証されたのは初めてである。シイ類とともにオキナワウラジロガシやマテバシイ属、ウラジロガシも大量に出土した。シイ類はアク（注3）（タンニン）が少なく、マテバシイ属もやや少なくて食べやすいが、それ以外のどんぐりにはアクがある。この中のオキナワウラジロガシは、直径が三センチほどもある日本最大のどんぐりで、アク抜きさえできれば澱粉素材としてはたいそう有用である。オキナワウラジロガシは、どんぐり塚から多く出たほかに、湧き水のある低湿地にしつらえられた籠（深さ二〇センチ以上、九〇センチ四方）の中からも数十箇みつかった。この籠からシイの実はみつかっていないので、オキナワウラジロガシ専用の籠だったとみられる。

宜野座村の前原遺跡でみつかった貯蔵穴も、水浸しの籠を伴っていた。ここでは水場にある石灰岩やビーチロック、砂利をほりこんだ二四基の貯蔵穴がみつかり、この中の一一基の貯蔵穴内に籠が、一五基にオキナワウラジロガシが残っていた。時期は縄文後期併行期（三八〇〇～二八〇〇年前）である。調査をした知名定順氏は以下のように述べている。「前原遺跡にわき出す水は石灰岩の地下を通って湧き出ることから水に炭酸カルシウムを含みアルカリ性を示している。そのため、樫の実に含まれるタンニンを洗い流す渋抜きには好都合の水質であったと考えられ、貯蔵以外に渋抜きの役割も考える必要がある」（知名編　一九九九：二八三頁）。常時水が供給される場所で、人々はドングリのアクを除去しかつ虫喰いから遠ざけていたのである。これらのことから、沖縄の先史時代人の主食は、シイを主体として、アク抜きをするオキナワウラジロガシ等を加えたものであったということがわかる。

安渓貴子氏の丹念なレポートによると、ソテツの実は水さらしでアク抜きができるという（安渓　二〇一一）。もし先史時代にソテツが沖縄に自生していたとすれば、人々がソテツの実を水さらしして食用にしていた可能性は高い。それに、伊礼原遺跡のソテツの実は、わずか三メートル四方の試掘坑で得られた堆積のブロックからの抽出である。伊礼原遺跡と同様の精度の分析例が増えると、例数はもっと増えるかもしれないし、あるいは漂着物に留まるかもしれない。最古のソテツの正体を知るには、まだ少しの辛抱が必要である。

注1　遺跡は縄文前期併行期の低湿地と縄文中期から晩期併行期の砂丘地区からなっている。沖縄本島の先史時代の変遷を網羅する内容の豊富さにより、二〇一〇年に国の史跡になった。

注2　一八世紀までは同様の環境であったことが『農務帳』（一七三四）の記述でも知られる（三輪 二〇一一：三〇五〜三〇六頁）．

注3　食物に含まれるえぐ味、渋味、苦味など不快な成分をアクと総称している。どんぐり類にはタンニンが含まれているので、食用にするためにこれらを水や湯に溶出させて除去（アク抜き）する。

引用文献

安渓貴子　二〇一一「ソテツの来た道　毒抜きの地理的分布からみたもうひとつの奄美・沖縄史」『奄美沖縄環境史資料集成』、南方新社、三六三〜四〇四頁
知名定順編　一九九九『前原遺跡—県道漢那松田線道路整備工事に伴う発掘調査報告書—』宜野座村乃文化財14集、宜野座村教育委員会
辻誠一郎・大松しのぶ・辻圭子　二〇〇七「第Ⅴ章　Ⅰ伊礼原遺跡の植物遺体群」中村愿ほか編『伊礼原遺跡—伊礼原B遺跡ほか発掘調査—』北谷町文化財調査報告書第26集、四三三〜四四四頁
能城修一　二〇〇七「第Ⅴ章　Ⅱ　伊礼原遺跡から出土した木材の樹種」中村愿ほか編『伊礼原遺跡—伊礼原B遺跡ほか発掘調査—』北谷町文化財調査報告書第26集、四四五〜四六六頁
三輪大介　二〇一一「近世琉球王国の環境劣化と社会的対応——蔡温の資源管理政策」『奄美沖縄環境史資料集成』、南方新社、三〇三〜三三三頁

脱稿後、左記の論文が公表された。先史時代の類例を集成したもので、たいへん参考になる。

田里一寿　二〇一四「貝塚時代におけるオキナワウラジロガシ果実の利用について」『琉球列島先史・原史時代の環境と文化の変遷』、高宮広土・新里貴之編、六一書房、一一一〜一二五頁

第二章　激動の歴史の中で

琉球王府による蘇鉄政策の展開

豊見山　和行

はじめに

歴史学において二〇〇〇年前後頃から環境史という分野が注目されるようになってきた。人間と自然環境との関係を歴史的に捉えようとするものである。琉球列島の自然環境と人間の関係史ついての成果は、人類学・地理学・考古学・環境学などの分野では研究が蓄積されつつある。(注1) しかし、残念ながら琉球史研究の領域では、災害史の分野からようやく成果が見られるようになってきたものの、なお本格的な研究成果は少ない。(注2)

ここでは、琉球列島における自然環境と人間の関わりという視点から琉球国時代の蘇鉄を取り上げる。蘇鉄は琉球列島では、ごくありふれた植物である。琉球王府（琉球王朝、首里王府とも呼称）による植林政策や救荒作物策を通して、琉球王府がどのように自然に働きかけていたかということを検討してみたい。なお、琉球言葉では蘇鉄は、スティチ（首里・那覇）、スーティーチ（今帰仁）などと発音する。

『田地廻勤首尾』に見る蘇鉄

これまで琉球王府による蘇鉄政策に関する本格的な研究は低調であった。その要因のひとつは、蘇鉄に関するまとまった史料が見あたらなかったことによる。そのような状況にあって、二〇〇九年から公開され閲覧が可能となった「尚家文書」（那覇市歴史博物館蔵）の中に、『光緒四年戊寅春より　田地廻勤首尾　国頭

中頭島尻　帳当座』（一八七八）という表題の古文書がある（以下、『田地廻勤首尾』とする）。その古文書によって、初めて琉球王府による植樹政策の全体像を捉えるための手がかりが得られるようになった。田地奉行は年に春と秋の二回、沖縄島とその離島を巡検し、間切（広域の行政単位）・村での百姓の食料事情や年貢関係、百姓の負債などの民情を事細かに質問し、間切役人から回答を得て、国頭方、中頭方、島尻方ごとに取りまとめて王府へ提出していた。それらの情報が『田地廻勤首尾』に詳しく記述されているのである。(注3)

琉球国の最末期の時期という制約はあるものの、王府農政の完成した、あるいは最終的な姿をみることができる。

さて、この『田地廻勤首尾』から蘇鉄の植樹状況を検討してみよう。例えば、国頭九ケ間切の条文には次のようにある。

一、蘇鉄を別紙のように植樹したため、その本数を検査し、本立帳（年貢台帳）へ記載して（田地奉行が）押印した。

〔一蘇鉄之儀、別紙之通植置候付、本数相改、本立帳江組入印形仕置申候〕

一、蘇鉄苗を別紙のように植樹したことを（間切役人が田地奉行へ）上申した。

〔一蘇鉄苗之儀、別紙之通植付置候段、申出候〕

右の条文から、田地奉行が巡検の際、当人が蘇鉄を一本ずつ数えて確認していたわけではなく、間切役人から植樹の報告（別紙）を帳簿上で検査していたことが分かる。別紙の形式と内容を金武間切を例にあげると次のようなものであった。

覚

一、蘇鉄苗壱万七千五百弐拾本
一、棕梠苗三百五拾本
一、楮木弐百拾弐本
一、屋良部種子五斗

金武間切

このように、金武間切では蘇鉄苗一万七五二〇本、棕梠苗三五〇本、楮木（チャーギ、イヌマキ）二一二本をそれぞれ植え、屋良部（ヤラブ、テリハボク）種子五斗（約一五kg）を播種したとある。

各間切ごとの蘇鉄苗数のみを一覧表にしたものが、表1（一八七八年蘇鉄苗数一覧）である。表1から判明する点は次の通りである。

第一に、沖縄島北部地域の国頭方では、蘇鉄の植え付けで最大は伊江島（五万六五五〇本）で、最少は久志間切（一万七三四五本）である。国頭方の合計は二五万一七七本である。ただし、今帰仁間切には一本も記載がないが、隣接する羽地・本部間切の植生環境と今帰仁間切は、ほぼ同じであることから、恐らく記載漏れと思われる。そのことから、総数はそれ以上であったと思われる。

第二に、沖縄島の中部地域の中頭方では、植え付けで最大は宜野湾間切（四万一七九〇本）で、最少は浦添間切（二一四〇本）である。与那城間切も四八三〇本と浦添間切についで少ない。なお、中頭方の合計は

表１　1878 年蘇鉄苗数一覧

間切名	ソテツ苗数(本)	植え不足数(本)	定数(本)	備考
金武	17,520			
久志	17,345			
大宜味	18,230			
国頭	40,620			
羽地	44,550			
今帰仁				記載欠
本部	19,842			
伊江島	56,550			
名護	17,580			
恩納	17,940			
(国頭方小計)	250,177			
西原	19,860			
中城	10,415			
勝連	18,480			
与那城	4,830			
具志川	15,090			
美里	22,800			
越来	10,000			
読谷山	25,410			
北谷	25,164			
宜野湾	41,790			
(中頭方小計)	195,979			
南風原	15,570			
大里	47,280			
佐敷	25,710			
知念	22,110			
玉城	26,749			
東風平	33,350			
具志頭	31,020			
摩文仁	10,960	摩文仁村植え不足 800		
喜屋武	10,560			
真壁	12,360			
高嶺	18,060			
兼城	13,090			
小禄	4,360			
豊見城	20,256	長堂村植え不足 300	20,556	
真和志	17,560			
(島尻方小計)	308,995			
国頭方	250,177			
中頭方	195,979			
島尻方	308,995			
総計	755,151			

出典：「田地廻勤首尾」

一九万五九七九本である。

第三に、南部地域の島尻方では、植え付けで最大は大里間切（四万七二八〇本）で、最少は小禄間切（四、三六〇本）である。島尻方の合計は三〇万八九九五本である。

第四に、蘇鉄株の総数は七五万五一五一本という膨大なものである。植樹数において最も多いのは伊江島の五万六五五〇本であり、最少のものは浦添間切の二一四〇本である。なぜ、このような極端な差異が生じるのか、という点については後述する。

第五に、植え付けの「定数」が村ごとに規定されていたことがうかがえる。摩文仁間切摩文仁村では植え不足が八〇〇本とあることから、同間切全体の定数は一万一七六〇本ということになる（植え付けの現数は一万九六〇本）。豊見城間切の長堂村でも植え不足が三〇〇本とあり、本来の定数は二万五五六本（植え付け現数は二万二五六本）とあることから、村ごとに割り当てられた本数、つまり定数の規定があったことになる。

第六に、右の『田地廻勤首尾』には沖縄島とその周辺離島の伊江島しか記載されていない。そのため、慶良間諸島や渡名喜島、久米島、そして宮古・八重山の両先島地域における蘇鉄数の情報は欠けている。そのことから、この時期の琉球国全体における総数は、七五万五一五一本以上であったことは確実であると言えよう。

蘇鉄政策の前史

右のように琉球国末期において、王府は大々的に蘇鉄の植樹政策を実施していた訳であるが、ではそれ以前の蘇鉄政策はどのようなものであったのだろうか。

筆者が検討した限りではあるが、琉球に関係する文献史料において、蘇鉄についての最古の記述は、一六三一年の「琉球人進上物なるべき覚」に見られる。これは、徳川幕府から琉球国に対して、琉球からの献上品目（芭蕉布、漆器など）のひとつとして、「見事と成るそてつ、但し、あざかいの大き成るに植えて」という要請があった（鹿児島県歴史資料センター黎明館 一九八五）。つまり、美事な蘇鉄をアザカイ（アジケー、シャコ貝のこと）に栽えて献上せよ、というものであった。蘇鉄は実際、一六四四年に献上された。ただし、その際の献上は鉢植えによるものであった（鹿児島県歴史資料センター黎明館 一九八六）。これらのことから、一六三〇年代には確実に、琉球には蘇鉄が植生していたことが判明する。

次に琉球の国内史料から蘇鉄について検討してみよう。一七世紀の王府農政を知る上で基本的な史料となるものに「羽地仕置」（一六六七〜一六七三年）と「諸間切法式帳」（一六九七）があるが、そのいずれにも蘇鉄の記述は見られない。

奄美諸島では次のような記録が残されている。「沖永良部島代官系図」の天和二年壬戌（一六八二年）の項に、「蘇鉄抔(等)も植え附けこれ有り、此の節より同島え蘇鉄種子、始る由」とある（松下 二〇〇六）。つまり、この年（一六八二年）から沖永良部島へ蘇鉄が導入されたとある。どの島から沖永良部島へ蘇鉄が持ち込まれたのかは不明だが、同島では意図的な植え付けが開始された、という点で重要な史実だと言えよう。

沖縄島において、蘇鉄を利用していたことが確実な史書の記述は、『球陽』一七一四年（尚敬王二年、康熙五三年）の記事である。

それによると、「南風原村の嘉数は、農業について深い知識を持ち、その知識を庶民に教えた。また、私的に自ら蘇鉄を試植し、便益があったことから、庶民にも蘇鉄の植えつけを教えて、凶年の際の飢饉に備えた。」とある〔南風原村の嘉数は、深く稼穡を知り、之れを庶民に教ふ。又、私に自ら蘇鉄を試植し、其の利有るを以て、民に之れを植うるを教へ、以て凶年の饑に充つ。〕（球陽研究会 一九七四）。

このように、農業に巧みな南風原村の嘉数は、蘇鉄栽培を自発的に広めていた。蘇鉄がこの頃には、すでに救荒作物として利用されてことが分かる重要な記述と言えよう。

また、宮古諸島においても、一七二七年（雍正五）に多良間島と水納島へ「蘇鉄種子四九五本」が持ち込まれたという記録もある（平良市史編さん委員会編 一九八一）。このように一八世紀初頭には、沖縄島だけでなく宮古諸島においても蘇鉄が植樹されていた。

蘇鉄政策の確立

一七二九年と推定される次の文書（「口上覚」）は、王府の蘇鉄政策を知る上で重要である。蘇鉄に関して王府と久米島役人（地頭代・大さばくり）は、以下のようなやり取りを行っていた（「上江洲家文書」第一四九号）。

「諸間切へ植え付けるために、蘇鉄の種子一万五千本を（久米島から王府へ）搬出せよとの指示を受けたが、ソテツの種子を鈎取り（削ぎ取り）過ぎては、毎年大量に掘り出すことになり、御用株の支障となる。さらに年によってはカンダバー（葛葉、ハンス芋の葉）の実が（生育不全で）付きかねたり、芋が虫害を受けることもある。その際には、百姓達は（食料の）備えに無頓着なため、恐縮だが（王府の指示を）お断りしたい。その点、御容赦いただきたい。」

〔諸間切江植付させ用蘇鉄之子壱万五千本ハ、積渡可申由被仰越候得共、右子かき取過候得ハ年々大粧ニ堀出申、御用かふ之為罷成不申、其上依年ニかんらハかつら実付兼、同芋ニ虫付申事多々有之候、此時百姓中朝夕不見当ニ御座候間、恐多奉存候得共御断申上候、御宥赦被成可被下候、以上〕

ちなみに、久米島側の要望を王府は許可していた。この文書から王府は久米島から蘇鉄種子（一万五千個）を入手し、各地へ配布する計画をもっていたことが分かる。つまり、王府は久米島を蘇鉄種子の供給地にしようとしたが、久米島側の拒否に遭い、王府の意図は実現しなかったことになる。

右のように、王府が蘇鉄政策を模索する中で、一七三四年の「農務帳」の発布が画期となる。この法令集の中で蘇鉄は次のように規定されている（沖縄県立図書館史料編集室 一九八三）。

一、蘇鉄は、凶年の補助となり、特別に重宝な作物であるため、確実に植樹を増やすようにすること。その方法は別冊に記載した通りに行うこと。

〔一蘇鉄之儀、凶年之補ニ相成、別而重宝之物ニ候間、弥漸々植重候様可致候、拵様は別さつニ記相渡候通可仕事〕

すなわち、琉球王府は明確に蘇鉄を救荒作物として位置づけており、さらに蘇鉄の増殖体制をこの年から指示していたことが分かる。蘇鉄の植樹策を琉球国全体へ押し広げた点で画期的であった。旧来の自然発生的で散発的な蘇鉄の植樹策から王府農政による統一的な植樹政策へと転換が図られたのである。

実際、翌一七三五年、沖縄島の「美里間切公事帳」には、次のように規定されていた（那覇市企画部文化振興課 一九八九）。

一、村ごとに植えた蘇鉄は、八月までに除草し、村の耕作当がその本数を調べて小帳に記載し、間切の惣耕作当へ提出すること。

〔一村中植付置候蘇鉄、八月限ニ草取させ、耕作当相合本数相改、小帳ニ記、惣耕作当方江差出候事〕

一、間切で仕立てた蘇鉄は、八月までに除草し、本数を調べ、小帳に記載して両惣地頭へ状況を報告すること。

〔一間切中仕立候蘇鉄、毎年八月限草取させ、本数相改、小帳相調、両惣地頭江首尾申出候事〕

このように、まず各村で蘇鉄の本数改めを行い、次にそれらを間切単位でとりまとめ、最終的には各間切を領有する両惣地頭へ報告するという仕組みであった。つまり、一七三〇年代の時期は、両惣地頭が各間切の蘇鉄数を把握するものとなっていた。

しかし、約八〇年後の一八〇九年の「田地奉行規模帳」には、蘇鉄の植樹方法は次のようになっていた（沖縄県立図書館史料編集室 一九八九）。

一、蘇鉄は、凶年の補助となる。一人につき、三〇本ずつ毎年植え付け、その本数を帳簿にとりまとめ、蘇鉄の敷地ごとに検査すること。

〔一蘇鉄之儀、凶年之補ニ而候、壱人ニ付三十本完之例ヲ以年々植付、本数帳面ヲ以取〆サセ、敷毎相改候事〕

このように、百姓一人に付き三〇本の植樹を義務づけていた。人頭割りでの蘇鉄の強制栽培という側面をもつものとなっていた。なお、この百姓各一人とは、年齢に関係なく当該村の全百姓を指すのか、あるいは一五歳から五〇歳までの年貢負担者（正頭）を指すのかは明確ではない。

なお、年間の作物の植え付け時期を記載した一八四一年の「耕作下知方并諸物作節附帳」（大宜味間切）を見ると、次のように蘇鉄に関する記載がある（沖縄県立図書館史料編集室　一九八九）。すなわち、二月中の植え付け事項として、「稲の植付けの事」、「木棉花植付けの事」、「生薑植付けの事」、そして「蘇鉄子の植付けの事」とある。このことから、稲・芋・生薑と並んで蘇鉄も食料として位置づけられており、植え付け時期も計画的であったことが判明する。

なお、一七四八年の「美里間切科定の条々」から沖縄島での蘇鉄政策を見ると次のようになっていた（那覇市企画部文化振興課　一九八九）。蘇鉄は凶年の際には重宝なものであるから毎年、その増殖にはげみ、新規に植え付けた帳簿を各村の掟（役人）で作成し、上役の惣耕作方へ提出すること。もし、植え付けで村掟の怠慢があれば、罰金や鞭打ち刑に処すものとする、と。このように各村の担当役人の責任の元に蘇鉄の増殖が図られていたのである。

八重山地域における蘇鉄政策

八重山地域での蘇鉄政策を見てみよう。一八五七年の「翁長親方八重山島規模帳」における蘇鉄の規定は、次のようになっていた（沖縄県立図書館史料編集室　一九八九）。

一、蘇鉄は、凶年の対策として重要なものであり、毎年一人に付き一〇本の植え付け規定にもかかわらず、その植え付け数は少なく、わずかな凶年にも食料が逼迫しているとのことである。それでは問題であるため、今後は御模（王府の規則）どおりの本数を植え付け、凶年に遭遇しても食料不足にならないように対処せよ。

〔一蘇鉄之儀、凶年之用意大切成物ニ而、年々頭数壱人ニ付拾本完植付候様被定置候処植付少、僅之凶年ニ茂飯料差迫及難儀候由、如何之事候条、以来御模通年々植付、凶年差当候共、飯料不差支様可取計事〕

右のことから、八重山地域では人別に一〇本という植樹規定となっていたが、その規定数を植え付けていなかったため、僅かな凶年時にも食料が逼迫し苦労している、として王府の規定通りの本数を植えるようにと指示されていた。王府の法令が必ずしも遵守されていなかったことが分かる。

与那国島の状況は、同じく「翁長親方八重山島規模帳」によると次のようなものであった。

一、与那国島での蘇鉄の植樹は、とりわけ大形(テーゲー、粗略の意)であるため、石原親雲上が御使者として来島した際(一八四三年)の規定に従い、大地(主島＝石垣島)同様に毎年、各人に一〇本ずつ植樹させて、その植樹の経緯を王府へ報告せよ。

〔一同島[与那国]蘇鉄植次方、別而大形有之候付、石原親雲上御使者之時、大地方同前年々頭壱人ニ付拾本完植付させ、其首尾申越候様被仰渡置候間、緩せ之儀無之様可致下知事〕

植樹規定の遵守を王府から厳しく通達されているように、与那国島では蘇鉄の植樹には必ずしも熱心ではなかった。そのため一八四三年の石原親雲上によって、石垣島と同様に与那国島でも一人に付き一〇本を植樹するように命じられていた。

しかし、この一人に付き一〇本体制は、三一年後の一八七四年の「富川親方八重山島農務帳」では、次のように改められていた(沖縄県立図書館史料編集室 一九八九)。

一、ソテツは食料の補助となり、とりわけ耕地に適さない土地や石だらけの土地、カネク地（砂地）でも寒暑や風雨に関係なく繁茂する植物であり、特別に重宝なものであるため、一世帯に二〇本ずつ植え付けること。

〔一蘇鉄之儀、飯料之補相成、殊耕作不罷成場所、石原・兼久地ニ寒暑風雨無構致盛生候物ニ而、別而重宝成物候間、一家内ニ弐拾本宛可植付候事〕

蘇鉄は食料の補助となり、取りわけ耕作地には不向きな場所や砂地などの痩地、寒暑や風雨の悪条件にも関係なく繁殖することから救荒作物として位置づけられていた。特に、この年（一八七四年）から一世帯ごとに二〇本の植樹体制に変更された点は注目される。それ以前の人頭割りで各人で一〇本（例えば五人家族であれば五〇本）から一世帯で二〇本（家族数に無関係）という植樹方式に変更された。この政策変更の理由は現時点では不明である。食糧事情や人口問題等との関連から検討すべき課題と言えよう。

食用としての蘇鉄

一七八四年の琉球は、天候不順で食料が不足がちであった。そのため、蘇鉄をめぐるひとつの事件が発生していた。当時の三司官であった伊江親方の日記の乾隆四九年一二月二一日条には、次のように記されている（沖縄県文化振興会公文書館管理部史料編集室 一九九九）。

首里の住民二一～三〇〇人が、徒党を組んで西原間切と中城間切へ押し寄せ、同地の山野にある蘇鉄を無理やり伐採していったと両間切から披露（訴え）があり、それを聞いた国王は、「何とも法外な行為だ。必ず糺明せよ。」と三司官たちに命じた。ところが、三司官らは犯人を特定しての訴えでもなく、また時節がら多人数による行為であることを考慮して不問に付すことを国王へ上申し、許可されたというものである。

この事件は、王都の住民である首里人の約二〜三〇〇人が食料不足から蘇鉄を強奪したというものである。恐らく、この人々は農業の生産手段を持たない者たちであったと思われるが、それでも蘇鉄を食用にしていたという点で興味深い事件である。

次に、一七六二年の「大島筆記」から琉球人の食のあり方を見てみよう（谷川 一九七三）。この史料は同年に琉球船が土佐の大島へ漂着した際、同藩の儒者・戸部良熙が乗船していた琉球使者の潮平親雲上から琉球事情を聞き取ったものである。それによると、「（琉球人は）上下共アマリ大食スルコトナク、酒モ上戸ト云ハ少キ由、下々ハ豚鶏ナド切々モ得給ズ、雑穀、蘇鉄ノ餅ナトヲ給居レリ。」とある。つまり、琉球人は上下の身分であっても共にあまり大食することはなく、飲酒でも上戸のものは少ない。下々の階層のもの達は豚や鶏を節日であっても口にすることはできず、雑穀や蘇鉄の餅を食している、とある。この「蘇鉄の餅」とは、蘇鉄から採ったデンプンを餅状にしたものと思われる。下層の人々にとって、蘇鉄は飢饉時に限られたものではなく、日常的な食用でもあったという点は注目されよう。このことは、『南島雑話』において、蘇鉄を食用とするための詳細な記事があることからも分かる。

『田地廻勤首尾』の歴史的な位置
冒頭部分の表1で示した蘇鉄数において、最大は伊江島の約五万六〇〇〇本から最低数の浦添間切の約二、〇〇〇本という極端なばらつきをどのように捉えたら良いかという問題に立ち戻ってみよう。
八重山地域では、一人に付き年一〇本の植え付けの規定であったが、一八七四年から一世帯（一家内）で二〇本の体制へ変更された（恐らく、宮古島地域でもほぼ同様であったと推測される）。百姓の人頭割りか世帯割りかの違いは見られるものの、原則として人間を基準として賦課した強制栽培のシステムであった。沖縄島においてもほぼ同様であった。つまり、一八〇九年の『田地奉行規模帳』では、毎年、百姓一人につき三〇本という規定となっていた。

このように、百姓の人頭割り（人口）を基準として賦課する仕組みであったとすると、王国末期の浦添間切の人口数が問題となる。一八七九年の「琉球処分」（琉球国の日本国への併合）頃の史料と見られる『事々抜書』（沖縄県立博物館蔵）における浦添間切の状況は次のようになっている。戸数は四七一軒、人口は一九七五人（男九八三人、女九七二人）となっている。単純に人口数に三〇本を乗ずると五万九二五〇本となる。表1の浦添間切の蘇鉄苗数二一四〇本とは大きな開きがある。隣接する宜野湾間切は『事々抜書』では、戸数四〇〇軒、人口は一六九三人（男八四四人、女八五二人）である。この人口に三〇本を乗ずると五万七九〇本となる。表1の宜野湾間切の蘇鉄苗数は四万一七九〇本であり、約九〇〇〇本の差となるが、その開きは浦添間切と比較すると小さい。浦添間切が他間切に較べて極端に人口が少なかった訳ではない。また、自然環境も宜野湾間切とほぼ同じである。そのようなことから、浦添間切の蘇鉄苗数については不明な点が多い。人口以外の要因が加味されていたのか、あるいは単純な記載の誤りであったのか等、検討すべき点は多い。ここではひとまず問題点を指摘するだけに留め、今後解明すべき課題としておきたい。

おわりに

蘇鉄に対する旧来のイメージは貧困と結びついていた。しかし、そのような一面的な歴史像については、再検討の余地がある。そのことを再考するためのいくつかの史実を本章では提示した。琉球王府が展開した蘇鉄政策によって、王国末には沖縄島と周辺の島々だけで七五万五一五一本の蘇鉄が植樹されていた。琉球国全体ではそれ以上の蘇鉄が植え付けられていたことは間違いない。このように膨大な数の蘇鉄は、自然発生的なものではなく、琉球王府の植樹政策の結果であった。王朝時代の琉球諸島は（奄美諸島も）、一八世紀初頭以降、営々とした人為的な働きかけによって約一世紀半後の一九世紀後半には、蘇鉄がそこかしこに繁茂する自然景観を呈するようになっていたと思われる。蘇鉄は飢饉時だけでなく日常的に食する身近な食用でもあった。王朝時代において、蘇鉄と琉球諸島の住民は深い結びつきを持っていたのである。

（注1）主なものに、松井健編 二〇〇九『自然観の人類学』榕樹書林、松井健編 二〇〇二『開発と環境の文化学――沖縄地域社会変動の諸契機』榕樹書林、松井健編 二〇〇四『沖縄列島・シマの自然と伝統のゆくえ――島の生活世界と開発』3、東京大学出版会、なども広く環境史と捉えることができる。地理学では小林茂 二〇〇三『農耕・景観・災害――琉球列島の環境史』第一書房、がある。近年では、安渓遊地・当山昌直編 二〇一一『奄美沖縄環境史資料集成』南方新社、湯本貴和・安渓遊地・田島佳也編 二〇一一『島と海と森の環境史（シリーズ日本列島の三万五千年―人と自然の環境史）』文一総合出版、等がある。

（注2）琉球大学島嶼防災研究センター編 二〇一二『論文集 防災と環境――伝承・古文書・遺跡・堆積物調査が明かす歴史津波の実態と教訓』No.1、沖縄防災環境学会。

（注3）「田地廻勤首尾」については、豊見山和行 二〇一四「尚家文書「田地廻勤首尾」について――紹介と史料翻刻（抄）――」『琉球大学法文学部紀要 日本東洋文化論集』第二〇号、豊見山和行 二〇一五「尚家文書「田地廻勤

首尾」について――紹介と史料翻刻（その2・完）――」『琉球大学法文学部紀要――琉球アジア文化論集』創刊号、参照。

引用文献

鹿児島県歴史資料センター黎明館　一九八五『鹿児島県史料 旧記雑録後編五』鹿児島県
鹿児島県歴史資料センター黎明館　一九八六『鹿児島県史料 旧記雑録後編六 附録1』鹿児島県
松下志朗編　二〇〇六「道之島代官記集成」『奄美史料集成』南方新社
球陽研究会編　一九七四『球陽』読み下し編 角川書店
平良市史編さん委員会編　一九八一「白川氏系図家譜支流」『平良市史』第三巻資料編1前近代、平良市役所
那覇市企画部文化振興課　一九八九『那覇市史 資料篇第一巻一〇 琉球資料（上）』那覇市役所
沖縄県立図書館史料編集室　一九八九『沖縄県史料 前近代6 首里王府仕置2』沖縄県教育委員会
沖縄県文化振興会公文書館管理部史料編集室　一九九九『伊江親方日々記』沖縄県教育委員会
谷川健一編　一九七三『日本庶民生活史料集成』第一巻、三一書房

付記　本稿は拙論「首里王府のソテツ政策」（『二〇一三年度中期計画達成プロジェクト 琉球・沖縄学における先端的研究領域の開拓』琉球大学国際沖縄研究所、二〇一四）を元としている。ただし、本稿は右の論考の誤りや不十分な点を修正したものとなっているため、今後、豊見山のソテツ論については本稿を参照して頂きたい。

「蘇鉄かぶ」のこと ―久米島の古記録から―

上江洲　均

はじめに

これまで筆者は、「ソテツ天国」（上江洲　一九八二）、「徳之島におけるソテツ利用について」（上江洲　一九八五）の拙文を報告した。後に両文を拙著『南島の民俗文化』（上江洲　一九八七）にまとめて収録した。

「ソテツ天国」の要旨は、ソテツは古くから食料として、穀物、甘藷につぐ第三の食料であるばかりでなく、民具や玩具の素材になり、また肥料や燃料になり、樹木は防風防潮林の役目を果たす利用価値の高さは、有用植物のなかでも特記すべきものである。にもかかわらず、世間では「ソテツ地獄」と呼んでいる。政治の貧困に対して風刺したマスコミ造語であるというが、反面、ソテツによって露命をつないできた庶民を揶揄する語として使用するならば遺憾であるし、ソテツ樹を見直す立場からすれば容認できない、という内容のことを述べ、ソテツの利用についての記録と聞き取りにより、その重要性を述べようとしたのであった。

一八世紀の琉球は工芸技術が発達し、陶芸や漆芸及び染織がかなりの水準に達した。とりわけ染織文化が花開いた時代であった。しかし、地方においては、米をはじめとする穀類が不足し、甘藷（サツマイモ）さえも不作の年は、第三の食料「ソテツ」が常食となるありさまであった。当時の琉球国の経済の基盤は農業収入であるから、イモとソテツを食べ、穀物を生産した農民によって王国が支えられていた、といっても過言ではない。

ソテツは、琉球諸島各地に分布する。自生のごとく紹介されるソテツ林も歴史を遡れば、その起源は植栽からはじまったと考えられるし、少なくとも王国の社会では多くの島々で植栽の指導がなされている。その目的の大部分は救荒食としての利用であったと認識されている。しかしそれ以外にも支配層の間では、庭木として、あるいは鉢植えの盆栽用として珍重されていた。しかも薩摩や江戸の役人層への手頃な土産物として扱われたのである。「蘇鉄かぶ」の記録はそのことを物語るのである。

従来のソテツ研究は、植物学や食用を中心に論じられる傾向があった。筆者もその点では同様であり、前述の拙稿はほとんどそのような視点からのアプローチであった。しかし、ソテツには王国のもう一つの顔があった。前述の「蘇鉄かぶ」である。ここでは、ソテツに関する記録から、王国役人に関心の高かった「蘇鉄かぶ」を中心に、久米島の事例を古記録から拾って述べたい。

古記録の中のソテツ

久米島の記録に登場するソテツの最も古いものは、家譜資料（『美済姓家譜』）の一六七四（康熙一三）年のものである。

「康熙拾三甲寅年、御用紬綿子并蘇鉄かふ、為宰領上国、首尾能上納帰島(注1)」

これは同家の先祖が、久米島紬や真綿とともに「蘇鉄かぶ（株）」上納の担当となり、首尾よく納付し帰島した記録である。「蘇鉄かぶ」とは盆栽用ソテツのことである。すでに紬や真綿同様に鉢植えの「蘇鉄かぶ」が貢納品の扱いを受けていたことを示している。その説明として次の内容のことが記されている（意訳）。

地頭の北谷王子様が久米島視察に来島し、公務を終えて帰任される時、上納物担当を兼ねて随行を任命された。王子様は、久米島の住民が疲弊し、朝夕蘇鉄を食べているのを痛ましく思われ、当時地頭代である自分に対し、住民を督励して増産を図るようにとご意見を頂いた。

久米島の住民が「蘇鉄かぶ」を貢納する一方で、ソテツを「食用」していたことがわかる記録である。この家資料から約六〇年後の一七三五（雍正一三）年、『久米仲里間切公事帳』（以下単に『公事帳』と呼ぶ）(注2)が布達されている。『公事帳』とは、王府から各間切に対して公務を遂行するために出された規程集である。その中に「蘇鉄かぶ」の記事が四例出ている。意訳すると大意次の通りである。（傍線は引用者。以下同じ）

一　綿子・紬・蘇鉄かふ・莚の類は、地頭代大さばくりが送り状を書き、在番からも御物奉行所あてに添え書きをすること。

一　毎年春秋に夫地頭大さばくり以下文子までの間切役人立会いで人夫を選定し、各ムラに割り振られた蘇鉄かぶを掘り出して蔵元に植えつけておき、それに通じた役人を蘇鉄担当として命じて世話をさせ、王府からの御用があり次第送ること。

一　蘇鉄かふ御用の際、在番はじめ間切役人でよく検査し、（王府の）どの役所からの注文と（判別しやすいように）送り状に書き、在番の署名印を押して、蘇鉄かぶを植え付けた手籠にも在番の署名印で封印し、上納物の宰領人に託して納付すること。（附記）手籠は、蔵元で準備すること。

一　蘇鉄かふを船積みして送る時も、送り状とかぶを確認し、封印や付札などをよく調べて積み渡すこと。その首尾は他の品物と同様である。

この雍正本『公事帳』には、先の北谷王子の気持ちとは裏腹に「食料」としてのソテツについての記述は出てこない。もっぱら盆栽用の「蘇鉄かぶ」についてのことで、王府から久米島に対して求めたものは住民生活とはかけ離れたものであったと言わざるを得ない。

この記録でわかることは、「蘇鉄かぶ」に王府から派遣された在番はじめ間切のトップの行政担当者が立ち会い、押印をして送り出すさまは御用布（貢納布）と等しい取り扱いであったと思われる。冷静に考えても、ソテツに食料としての価値観をもつ庶民と、盆栽としてしか価値を見いだせない支配層との間に大きな溝を感じるのである。

雍正本『公事帳』の布達から九六年後の一八三一（道光一一）年に出された道光本『公事帳』(注3)でも上納品としての「蘇鉄かぶ」を優先とし、雍正本同様に事細かい指示を出している。

一　蘇鉄かぶは、納税令書が来てから掘り取って準備したのではおそいので、春秋のうちに在番の許可得て農民のひまを見計らって掘り取らせ、蔵元に集めて在番に報告して植えさせ、取払帳に在番の押印をすること。

一　右の蘇鉄かぶを送るときは、在番や地頭代、係の役人で検討し、ざるに植え付け何処の役所の御用と札に書き、在番が封印して送ること。

一　大和の人たちから蘇鉄かぶの注文があった場合、同役の人たちへ差のある品をあげては不公平であるから、両間切から木振り枝振りの同等のものを差し上げること。

一　蘇鉄かぶは、掘り出してから五、六年もすると、形を取り直したりしないと木振り枝振りがよくない。毎年掘り出してきて一か所に植えておいて、納税令書が来てから見繕いしていては、上納に支障をきたしてよろしくない。今後は上納すべきものは在番が検分のうえ鉢に移植して蔵元において管理し、時々心得のある者に枝振りなどを直させ、上納に差し支えがないようにすること。

以上四件は、「蘇鉄かぶ」を山野から掘り出し、その管理や上納のしかたについて述べたものである。在番や間切の責任者が関わるところは、重要品目である紬や真綿と同様であったことが読み取れる。薩摩の役人から注文があった際にその同役に不公平にならないようにするなどの気配りようである。なお、「蘇鉄かぶ」は「刀脇差武具の類」、「砂糖」、「鯨糞（げいふん）」など密売買禁止対象の品目のなかにも入っている。

道光本『公事帳』には、その他のソテツの利用として二件紹介している。（一）土地の境の標識として「立石」をするか、もしくは「蘇鉄」を植える。また、（二）畑の端々に植えて土砂の崩落防止をする、という二件である。

さて、この道光本『公事帳』で初めて食料としてのソテツ植栽について規定が出てくる。

一　蘇鉄を手広く植栽しておけば、凶年には食料の補いになる一番のものである。毎年一人につき三〇本ずつ植え付けること。

一　毎年植え付ける蘇鉄は、在番や間切の上級役人が巡回して本数を小帳に取りまとめ、在番の印を押し、在番が交代する時に新旧在番が本数を検査し、右の小帳に両人の副申を添えて御物奉行所に提出すること。

一　毎年植え付けている蘇鉄敷地は、年一回は草取りをすること。

原野や海岸、畑の端々に毎年一人頭三〇本ずつ植えさせ、王府役人の在番や上級の地方役人で厳しく管理していたことがわかる。「凶年の節、飯料の補第一成る物にて」とあるが、上納物に押しつぶされそうな貧農は、凶年ならずともソテツを常食したのである。同年『久米具志川間切公事帳』も布達されているが、内容は仲里間切と同様であるのでここでは省略する。

一八三一（道光一一）年には、『久米仲里間切諸村公事帳』(注4)も布達されている。ソテツの植栽の意義と一人につき三〇本植え付けさせ、そのうえ管理の手順について『間切公事帳』と同様の内容である。『諸村公事帳』から一例を取り上げると、次のような例がある。この一項によれば、良い「かぶ」を見付けて掘り取り、蔵元(くらもと)（役所）へ届けると、有償であったことがわかる。

一　誰でも蘇鉄かぶを見付け掘り取ったら早速蔵元へ納め、そうして出夫（労役）に引き当てるか、代金払いにするか本人の希望次第にすること。

次に一八三一（道光一一）年の『久米具志川間切規模帳(ぐしかわまぎりきもちょう)』（以下『規模帳』とする）(注5)の記事を眺めてみたい。『規模帳』とは「王府から布達した規則や範例などを条書体にまとめたもので、実践的・政策的・応急的なもの」(注6)のことである。

一　誰でも蘇鉄かぶを見付けて掘り取ったならば、蔵元に納め、出夫に引き当てるかを確認すること。
一　蘇鉄、桑、棕櫚仕立は、念入りにすべきと以前から申し渡しているところであるが、近年は扱いがおろそかになり、はなはだよろしくない。よく手入れして作り立てるよう村々へ厳しく指導すること。
一　蘇鉄かぶは、大事な御用物である。しかしだんだん数が少なくなり、近年では丈夫な木がなく、御用にも事欠く状況である。そういうさなか密かに掘り取って那覇に持ち渡り、那覇や泊の港の馬艦船や渡名喜・慶良間の船に行って内々に売り渡している者もいるとのことで、不届きである。今後このようなことがないよう堅く禁ずるものであり、少しも油断なく取り締まること。

附記　近年蘇鉄かぶが、激減している。とりわけ蘇鉄は凶年の食料の補いになる大事なものである。毎年新たに植え付けなければならないのに、私用としてみだりに掘り取り、そのまま捨て置いて枯れさせ、あるいは田の畦を掘り崩したままにして、田作りの妨げになっている。よろしくないことなので厳重に取り締まるよう申し渡す。

『公事帳』において「蘇鉄かぶ」が貴重な上納品として扱われ、事細かく指導され管理されたようすを見てきたが、『規模帳』で見ると、密かに掘り取り、那覇や泊の港で密売する者まで出たようすがうかがわれる。まだまだ需要のある「蘇鉄かぶ」であるが、近年衰微していることが読み取れる。それだからこそ手入れの徹底を図るべきだと注文をつけている。「蘇鉄かぶ」は、明治一二年の沖縄の廃藩置県や三六年の土地制度改正後、自然に忘れられて行き、今日に至ったのであろう。

『南島雑話』の「久米蘇鉄」

『南島雑話』の挿絵に「久米蘇鉄」とあるのを見る。(注7) その挿絵の説明文が次のように書かれている。

「久米蘇鉄ト云ルモノ一種アリ。先カヽヘ葉シヽマリテ小ナリ。久米、琉球ノ村名ナリ。此村ヨリ産スル故ニ名トス。大島ニモ多ク、地ノ肥タルニ生レバ鱗大ク丈ケノビテ、後ハ常ノ蘇鉄ト同ジク、至テカシゲル地ニウエルニヨロシ」

（久米ソテツという種類がある。先端は頭からかぶるように丸くしており、葉は縮んだようになって小さい。久米は沖縄の村の名前である。この村で栽培されていることからこの名前がつけられた。

大島にも沢山あって、土地の肥えた所に植えてあるとウロコも大きく、背丈が伸びてしまって一般のソテツと同じようになる。傾斜した土地に植えるとよい。）

当時の琉球に「久米蘇鉄」の名があったかについては、寡聞にして知らない。前掲の「蘇鉄かぶ」が文書には残っており、また一般にも呼ばれていたのではないかと想像する。例えば「まやー（猫）かぶ」というのがある。突然変異型で、猫の形をしているところからこの名があるとのことであるが、「かぶ」仲間では最高の盆栽として珍重された。

さて、文中に「久米、琉球ノ村名ナリ」とあるのは、那覇の「久米村」と混同していると思われる。久米は「蘇鉄かぶ」生産地の久米島であることは明白である。ただ、大島にも多く産すると言うのはその通りである。同種でも肥えた土地に植えると大きく一般のソテツになるが、小石原や文中にあるように傾斜地に生えたソテツのなかからそのような「かぶ」が育つのである。各地にソテツはあるものの、石原や石灰岩地帯の痩せ地に植栽した久米島でよく産したのであろう。

久米島の家譜史料

先に久米島の家譜の中の一六七四（康熙一三）年の記事（「蘇鉄かぶ」と「蘇鉄食を不憫に思った地頭（王子）の話）について紹介したが、同家譜（『美済姓家譜』）にはその後に続く代々のソテツに関する記事が出てくる。『家譜』には、同家の五代から十代にいたる凡そ一七〇年

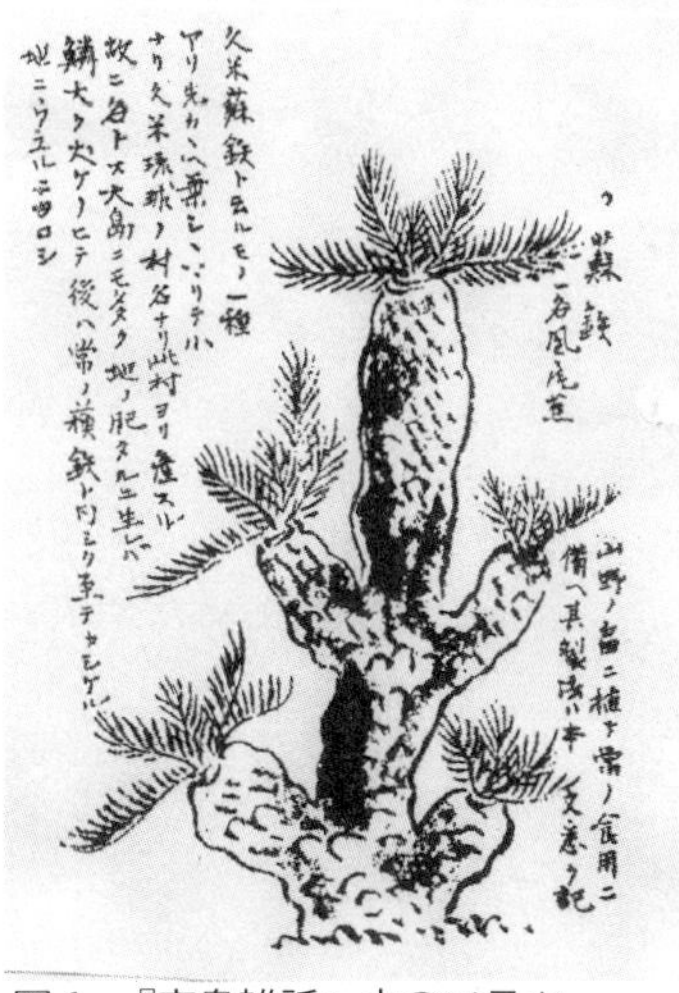

図1.『南島雑話』中のソテツ。『奄美文庫5 挿絵で見る「南島雑話」』より。

の記録のなかに、ソテツに関する記事がある。次に続く記事を取り上げてみることにする（意訳）。

一　御用紬、真綿、蘇鉄かぶ宰領として那覇へ上り、無事上納して帰島。（一七〇八年）

一　飢饉に続き西銘村・上江洲村の大火（一一六戸焼失）に逢い、食糧難に付き、罹災者の家族人数に応じて所持の蘇鉄を配給した。（一七一四年）

一　蘇鉄は、毎年御用かぶ採取、または食料不足の際に利用する重要植物であるので、役人同士で相談し、在番の指図を受けて畑の端々の土留めを兼ね、また山野の余地に蘇鉄一七万六二五〇本を植えさせた。（一七六一年）

一　住民が疲弊して食料が続かず、蘇鉄を食しており、諸御用物も調え兼ねている。（一七七一年）

一　当間切（具志川）は、諸上納が続き兼ね、延べ納めをして漸く義務を果たしてきたが、昨年は不作のうえ上納積み船が遭難し、積み荷を海に捨てるという事故のため上納物未進になり、それ以来ますます困窮し、蘇鉄を食べるほどに陥った。（一七七八年）

一　蘇鉄は大切な植物で、その植栽管理には配慮するようにと指導を受け、毎年一人に付き三〇本内外を植え付けさせている。各村周辺余地に植えているが、湿り気の多い土地または草木に覆われて生育しない。そこで海岸近くの場所は蘇鉄を植栽するのに適した場所と判断し、当役や前役の役人が相談し、在番の指導を受けて、各村分けをして住民総出で、蘇鉄苗六万八〇六八本を植えさせた。（一八四四年）

一　一昨年、暴風や干ばつのため地域住民の食料が続き兼ねたので、私物の米二石五斗、はんす芋一四〇〇斤、蘇鉄（実）五〇〇〇斤無利子で貸与した。（一八四七年）

一　大原の山野は蘇鉄植え付けに適した土地であるのに、原野にしている。幸い高所の役人の来島を機に

要請して、村々の山野を地替えや譲渡をして蘇鉄を植え付けさせた。（一八五〇年）

以上の記事に見える「蘇鉄かぶ」「御用かぶ」は、前述のとおり、上納品として扱われ、自由に採取することや販売することは厳しく禁じられていた。それは前述のように久米島紬や真綿同様の重要性を占めていたからである。

ここでも明らかなように、「蘇鉄かぶ」は上納物であり、一般住民の暮らしとは関係の薄い存在であった。ただし疎略に扱うとお咎めを食らう代物であった。そこへいくと、食用のソテツは住民の普段の生活と切っても切れない存在であったといえる。

これについては、仲里間切真謝（まじゃ）村の『司馬（しば）姓家譜』（現與座（よざ）家）後尾添付の「家内日記」に次の一文がある（意訳）。

一　去年（乾隆四六年）五月以来、たびたびの台風のため住民は飢饉におよび、宇江城、比屋定二か村の住民所有の蘇鉄を、公用として取り寄せ、本年六月まで一三か月、八か村の住民へ配られた。（一七八二年）

久米島の役人層は、自らの功労を書き残している。溜池や河川工事、架橋などの土木工事に関わったことをはじめとして、貢納布や上納米の宰領になって那覇へ上ること、あるいは飢饉などの非常時に所有する米や甘藷、ソテツ実などを無償配布する、または無利子で貸与する、ソテツその他の樹木を植栽させることも功労の対象であった。毎年一人につき三〇本の植栽を義務づけている。三〇本の根拠は詳らかでないが、王府から各地への指示であったことは、先の道光本『公事帳』に見るとおりである。具志川間切大原の山野はソテツの植栽に向いていると最後の項目にあるのは、その通りで、明治一八年那覇からの入植者により開墾されるまでは、ソテツ山が広がっていたようである。

我が家の話であるが、集落から三〜四キロも離れた大原の一角に、自家所有の約千坪のソテツ林があった。筆者の高校時代（一九五〇年代前期）までは、ソテツの葉を水田の肥料にしていたので、一日二回のペースで運んでいた。運搬手段は馬で、馬の背中に幾束もくくりつけて運んだものである。その頃までは実も採取していた。自ら出かけて収穫することはなく、ソテツ林近くの民家に頼んで収穫してもらっていた。古い高木もあったので、その家では梯子を用意していた。収穫後の分け方は、半分けと聞いた。

そのソテツ林も今では砂糖キビ畑に生まれ変わり、ソテツ樹は一本も残っていない。

「内法」の罰則

ソテツについては、食料をはじめとしていろいろな利用法があり、「蘇鉄かぶ」もその一つである。非常食というけれど、貧農層には日常食といっても過言ではなかった。食料であったために島々でさまざまな制限があり、それに伴う罰則があった。久米島の「蘇鉄かぶ」については、明治一二年の沖縄の廃藩置県後は需要もなくなり、急速に忘れられたようで、聞き取りすることは困難である。

ソテツ林は、各地の例によると共有林が一般的である。それゆえ個人

県指定天然記念物の宇根の大ソテツ（久米島町）

行動は許されず、果実の収穫時はいっせいに行われるのが建前であった。「沖縄県旧慣間切内法」(注8)には、各地のソテツに関する取り締まり規程が見える。ソテツ苗植付け不行届は役人を処罰する。ソテツ葉刈り取りや実や幹を採取する者、ソテツ畑に牛をつなぐ者なども処罰対象である。中でも粟国島の内法は厳しい。

粟国島の内法では、ソテツ葉を刈り取る者、実を取る者、伐り取って置かれているソテツを盗んだ者、肥料としてソテツ葉を刈り取り畑に入れた者、ソテツの芯を刈り取る者（子どもも）、枯葉を刈り取った者、ソテツ敷から砂を取った者などは罰則の対象にされた。ソテツの実または幹を盗み取った者は、罰金のほか浜に八日間「日晒し（ひざらし）」という重い刑罰を設けている。その粟国島も明治三六年の土地改正以後、個人の所有地になった。それ以後のことか、渡名喜（となき）島では、粟国島には「ソテツの恩義がある」(注9)といっている。食料としてのソテツを粟国島からたびたび分けてもらっていたのである。

むすび

ソテツをめぐる民俗は、単に毒抜き法や調理法ばかりでなく、例えば徳之島にかつてあった嫁入りの際の持参金代わりにした「ソテツ山」の伝承がある。また、地域により幹をよく利用する所と実を主体とする所がある。それはなぜか。王府の置かれた首里、港町の那覇にはソテツに関する民俗はないので、支配層の間にどれほどの知識があって、それぞれの地方を指導していたのだろうか、疑問に思うことがある。そのような歴史的な背景にも目を向ける必要性を感ずる。例えば一七三四年の「食糧蘇鉄調製の事」（小野一九五八）には次のように離島や地方の人たちから調製法を聞き取りしている。渡名喜島の役人衆、豊見城（とみぐすく）間切南風原村の嘉数（かかず）（間切役人）、小禄（おろく）間切小禄村の高良（たから）、真和志（まわし）間切識名（しきな）村の宮平（みやだいら）という人々であった。その聞き取りを整理して「指導書」にしたと考えられる。

ソテツの植栽や調製法については、地方でそれぞれの考えで行ったとは思われない。『公事帳』などの古い文献に見られるように、首里から地方役人を経て一般農民の手へと受け継がれたというのが答えである。

さて、王国時代の政策は、ソテツ食を「痛ましい」と見たのか、あるいは貢納米・麦・粟を徴収するからには庶民のソテツ食は「当然」と考えたのか、捉え方は別れよう。

ソテツを食料として植栽し始めたのはいつか。簡単には答えられないが、史料で見るかぎり一六、七世紀ごろではなかっただろうか。と考えるが、たしかなことはわからない。仮に一六、七世紀から始まったとしても、普及したのは「食糧蘇鉄調製の事」の出された一八世紀前期あたりからではないだろうか。

それはともかく飢饉常襲地帯ともいえる沖縄で、ソテツが農民の命を救ったことはたしかである。一方「蘇鉄かぶ」は、久米島の住民には、貢納布・真綿生産同等の大きな負担であった、と言えるのではないだろうか。

図3．盆栽に利用されたソテツ。大正時代、場所は首里か。坂口總一郎撮影。沖縄県立博物館・美術館所蔵。

注1　『美濟姓家譜』（一七五九年成立。久米島上江洲家蔵）
注2　沖縄久米島調査委員会編『沖縄久米島資料篇』（弘文堂、一九八三）及び『仲里村史』（仲里村役場、一九九四）による。
注3　注2に同じ。
注4　注2に同じ。
注5　『久米島具志川村史』（具志川村役場、一九七六）
注6　『沖縄大百科事典』（沖縄タイムス社、一九八三）による。
注7　鹿児島県立大島高等学校南島雑話クラブ『奄美文庫5　挿絵で見る「南島雑話」』（財）奄美文化財団、一九九七）
注8　「沖縄県旧慣間切内法」（『沖縄県史』一四、琉球政府、一九六五）
注9　上原タラ（明治二一年生。渡名喜島出身。一九八二年聞き取り当時南風原町在住。）

引用文献

上江洲均　一九八二「ソテツ天国」『地域と文化』10号、ひるぎ社
上江洲均　一九八五「徳之島におけるソテツ利用について」沖縄国際大学南島文化研究所『徳之島調査報告書　三』
上江洲均　一九八七『南島の民俗文化』ひるぎ社
小野武夫編　一九五八『近世地方経済史料』近世地方経済史料刊行会

◇コラム◇　明治中期に田代安定が見た八重山のソテツ

安渓　遊地

一九七四年夏、私と妻は西表島の南岸の入江に面した鹿川(かのかわ)村の急斜面をさまよっていた。明治四四（一九一一）年に村人たちが立ち去った廃村の遺跡のフィールドワークをしていたのだ。ある日のこと私たちは、村の下側の海に面した急斜面の一画がソテツの純林のようになっている所に迷い込んだ。その後、八重山の各島を回ってみたが、あれほどの密度で多くのソテツが密生している場所に行き当たったことはない。

私たちは、廃村に残された植生から人が住んでいたころの生活を復原するという研究手法を開発中だったが、鹿川村のソテツ群落が、人間が植えたものだとは考えなかった。それから四〇年近い歳月がたった、二〇一一年夏に台北市内にある国立台湾大学図書館で資料を閲覧していた私たちは、博物学者であり探検家でもあった田代安定が一八八五（明治一八）年七月七日から翌年四月二七日まで一〇か月をかけて八重山の島々をめぐって作り上げた詳細な復命書「巡検統計誌」と出会った。これらは、与那国島を除く全集落について作られ、惜しいことに登野城村だけが現存しないが、三八冊におよぶ第一級の一次資料である（閲覧の方法などについては、安渓ほか二〇一四を参照）。

試みに鹿川村の部を見ると、そこに次のような記述があることに気付く「一　鉄蕉栽付敷地凡ソ三反許但シ鉄蕉凡ソ一千五百本程」つまり、ソテツを植え付ける敷地が三反（三〇アール）ほどあり、そこにソテツが一五〇〇本ほど植えられているというのだ。私たちが迷い込んだソテツ林は、人間が植えたものだったのだ。

豊見山和行（二〇一四、一一〜二二頁）は、首里王府のソテツ政策のあらましを紹介している。救荒食として重宝なものであるとして毎年植えることを命じていた。一八七八（光緒四）年の文書によると、その数は沖縄島だけで七五万五一五一本にのぼる膨大なものであった。また、八重山では沖縄島で一人三〇本の苗を植えることが義務づけられていたのに対して、一八五七年の「翁長親方八重山島規模帳」には、一人一〇本のソテツを毎年植えることが定められていた。さらに、一八七四年の「富川親方八重山島農務帳」には、一世帯につき二〇本を植えるように義務づけられていた。

豊見山（二〇一四）が示した沖縄島のソテツ数の表は、特定の年の植付苗数である。一方、田代安定の史料は、明治一八年から一九年の踏査で田代が推算した現存の本数と考えられ、「凡ソ〇〇本」と表記されている。食用にされたり枯死したりする本数については、史料がないので何とも言えないのだが、田代が見て記録したソテツの本数を合計すると、記載のない村を除く三〇か村についておよそ四一万五八〇〇本となっている。それぞれの村の人口と戸数も田代は調査して記録しているから、少数の寄留民を除いた数を表には合わせて示した。

その結果、一人当たりのソテツ本数は、新城島下地村の四一七本から、桃里村の六本、最下位が大川村の二本で、平均値は六五本となる。戸数割で計算しても上位と下位の順位はあまり変わらず、一戸あたり新城島下地村の一六六七本がトップで、下位は桃里村の一八本、さらに大川村のわずか九本までと幅が広くなっている。平均値は三一九本である。

ソテツを食べる人数に応じて苗を植えるのは合理的ではあるが、明治時代の八重山の場合、一戸あたりの人数が多いのは子どもが多いか高齢者がいる場合であって、一戸あたりの人数が多いからといって、植えさせる本数を機械的に増やせば、結局働き盛りの戸主とその妻の負担が重くなってしまう。また、明治三六（一九〇三）年まで続いた人頭税制度のもとで、熱帯熱マラリアのある「有病地」からの移住の自由を与えられていなかった、西表島や石垣島北部の村々では、一戸あたりの平均人数が二人未満という疲弊した村もあった。このような場合は、人数の頭割りで毎年植えるべきソテツ苗を決めれば、一人暮らしの場合は一戸で一〇本しか植えなくてよいことになる。これでは疲弊した村が飢饉に対してますます脆弱になることも危惧される。ソテツ苗を植え付ける本数を首里王府が一人一〇本から一戸に二〇本に変えたのは、こうした村ごとの一戸あたりの人数の格差の拡大という現象になんらかの形で対応しようとしたものではなかっただろうか。

八重山の島ごとの上納品の違い（新城島のジュゴン、黒島の粟、その他島々の米）や、一七七一年の大津波とそれ以後の人口の減少の程度によって、ソテツの消費と王府からの植付け命令の遵守にどのような差異があったかなどの詳細な分析などは、今後の課題である。

引用文献

安渓遊地・安渓貴子・弓削政己・今村規子　二〇一四「国立台湾大学図書館・田代安定文庫の奄美史料――関連資料を中心に」『南島史学』八二、一～一九頁
豊見山和行ほか編著　二〇一四『琉球・沖縄学における先端的研究領域の開拓――文理融合型研究を目ざした実践的研究プロジェクト成果報告書』琉球大学国際沖縄研究所

表1　田代安定の「八重山島巡検統計誌」に見るソテツの本数

島・村名	戸数	人口	人／戸	本数	面積（反）	本／反	本／人	本／戸
（石垣島）								
石垣村	235	1458	6.2	—	—	—	—	—
大川村	243	1264	5.2	2300	31	742	2	9
登野城村	227	1413	6.2	—	—	—	—	—
新川村(平民のみ)	49	282	5.8	8000	39	2051	28	163
新川村	211	1130	5.4	—	—	—	—	—
真栄里村	40	185	4.6	50000	120	4167	270	1250
平得村	105	588	5.6	100000	310	3226	170	952
大浜村	108	688	6.4	56000	310	1806	81	519
宮良村	87	424	4.9	—	270	—	—	—
白保村	83	446	5.4	15000	270	556	34	181
盛山村	15	50	3.3	1500	26	577	30	100
桃里村	11	33	3.0	200	8	260	6	18
伊原間村	14	44	3.1	6000	94	638	136	429
平久保村	15	61	4.1	5000	63	794	82	333
野底村	12	25	2.1	9500	73	1301	380	792
桴海村	16	66	4.1	1000	47	213	15	63
川平村	67	288	4.3	15000	207	725	52	224
崎枝村	12	32	2.7	5000	94	532	156	417
名蔵村	7	17	2.4	3000	63	476	176	429
（西表島）								
干立村	38	151	4.0	—	30	—	—	—
浦内村	22	42	1.9	2000	34	588	48	91
成屋村	5	17	3.4	—	—	—	—	—
舟浮村	14	58	4.1	2000	32	625	34	143
上原村	24	73	3.0	5000	60	833	68	208
祖納村	67	290	4.3	3000	35	857	10	45
高那村	23	41	1.8	1500	31	484	37	65
古見村	37	137	3.7	2800	67	420	20	76
仲間村	4	11	2.8	2000	63	316	182	500
南風見村	10	26	2.6	6000	94	637	231	600
鹿川村	19	59	3.1	1500	30	500	25	79
崎山村	16	63	3.9	1000	40	250	16	63
網取村	12	66	5.5	1500	30	500	23	125
竹富島	129	862	6.7	35000	400	875	41	271
小浜島	91	412	4.5	35000	100	3500	85	385
鳩間島	32	156	4.9	—	—	—	—	—
新城島上地	20	115	5.8	10000	103	972	87	500
新城島下地	18	72	4.0	30000	169	1780	417	1667
黒島	116	546	4.7	—	311	—	—	—
波照間島	126	638	5.1	—	—	—	—	—
与那国島	334	1773	5.3	—	—	—	—	—
合計／平均	2276	11559	5.1	415800	3653	1255	36	183

空中写真から復元するソテツ利用

早石周平・当山昌直

奄美と沖縄とではソテツの利用度が違うことをこの本でも述べてきたが、実際はどうだったのだろうか。一九四五年の空中写真を使用してその様相を空から観察してみよう。その写真には、現在の環境とは異なる戦前の様子が映っているから、奄美と沖縄の様相がはっきりとわかるはずだ。並べてみたその結果は、奄美大島では、山の斜面に段々畑があり、その畑の縁にはソテツが等高線のように整然と植えられているのがわかった。沖縄島の段々畑にもソテツが若干観察されるが、奄美大島ほどではない。ここでは昔の空中写真からみたソテツ利用について紹介したい。

奄美大島と沖縄島の空中写真比較

図1の②の左側の写真で、白い背景に黒い丸の列が並んでいるのがソテツである。①は奄美大島奄美市名瀬久里町、現在の県立奄美高等学校、市立奄美小学校付近の、一九四五年七月米軍撮影の写真。学校の背後には整然と段々畑があって、左側の拡大写真では、畑の縁にソテツが植えられているのが確認できる。②は奄美市名瀬根瀬部の一九四五年七月米軍撮影の写真。①の久里町よりさらにソテツが整然と植えられている様子がわかる。撮影時期の七月はソテツの実が見られるころであり、これらの写真をさらに拡大するとその実の部分も確認することができる。

図2の③は沖縄島国頭村奥の一九四五年一月米軍撮影の写真。山の斜面には段々畑がひろがっている。ソ

テツと思われるものが拡大写真の画面右上にみられるが、段々畑全体をみてもまばらにちらばっており、少ない。④は沖縄島名護市屋部の一九四五年八月米軍撮影の写真。段々畑の縁にはソテツと思われるものがみられるが、地形的にゆるやかな畑にはほとんどみられない。このほかに、沖縄島の中南部や西表島などの写真も調べたが、おおよそ③④にみられるようなソテツの様相であった。

奄美大島と沖縄島の空中写真を比較して、ソテツの分布状況は明らかに異なっており、少なくとも空中写真が撮影された一九四〇年代には、奄美大島ではソテツが多く植えられており、連続的に整然と並んでいる。奄美大島も沖縄島も同じくソテツを利用していたはずだが、植付や手入れなどを含め、ソテツへの依存度

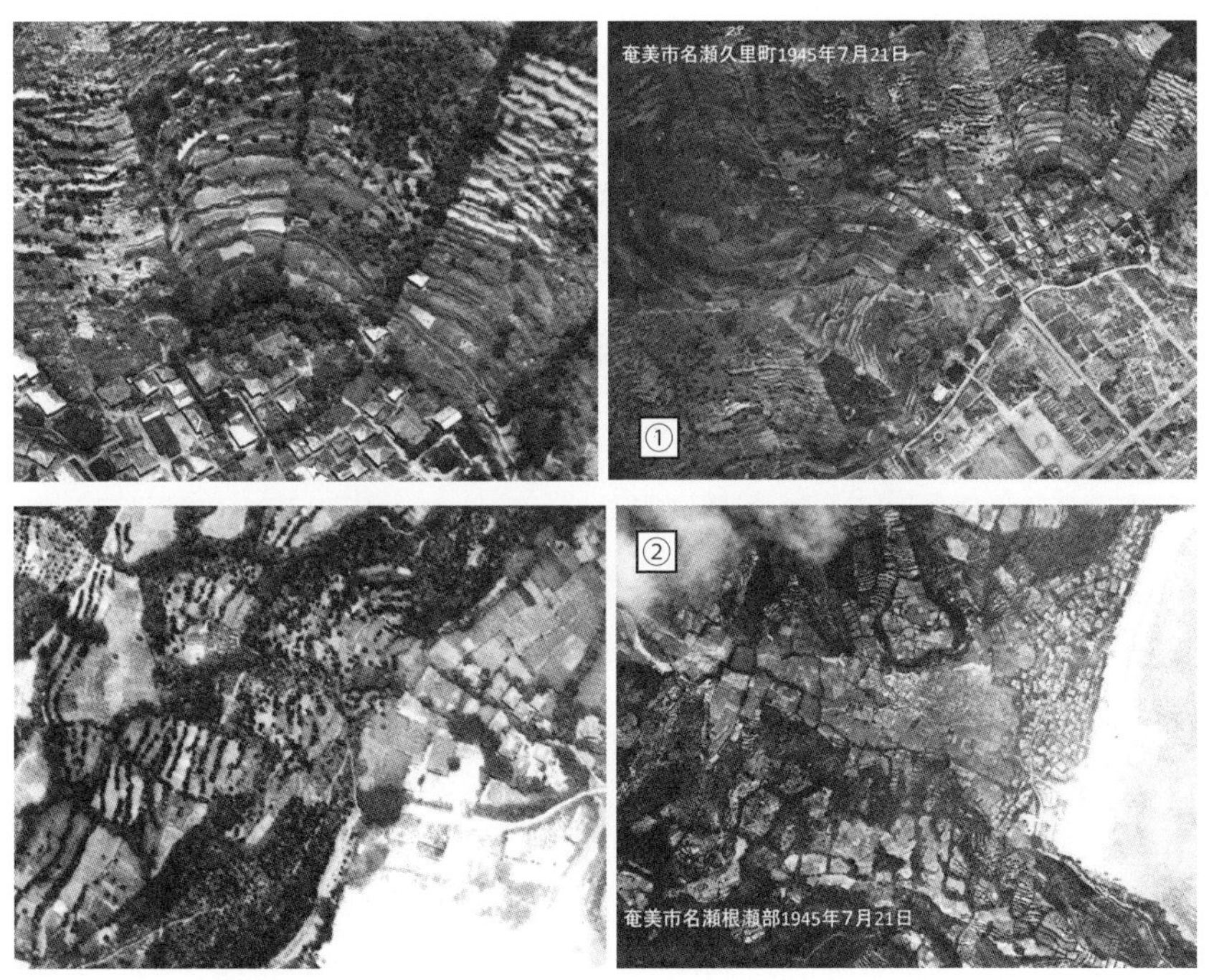

図１．古い空中写真からみた奄美の畑の様子。①奄美市名瀬久里町②奄美市名瀬根瀬部（いずれも 1945 年 7 月 21 日：米国国立公文書館蔵）、左側の写真は右側写真の拡大。

も奄美と沖縄では異なり、奄美の方がより高かったかもしれない。一方、ソテツの野山における広がりは、山の斜面傾斜と関係していることも考えられ、傾斜の急な斜面が多い奄美大島の地形も考慮する必要があると思われる。

空中写真からソテツを数える

空中写真一葉から数えたソテツは五六八〇本であった。もちいた資料は、一九四五年七月二一日に撮影された鹿児島県奄美市根瀬部集落の空中写真である（図3）。この写真には海岸から集落後背部の山域の一部が写っている。集落の後方、東から東南側にかけては雲がかかっているが、この部分を除き、写真を拡大すると、建物とそれを取り囲む屋敷林、道、平坦な耕地、斜面の耕地が見えてく

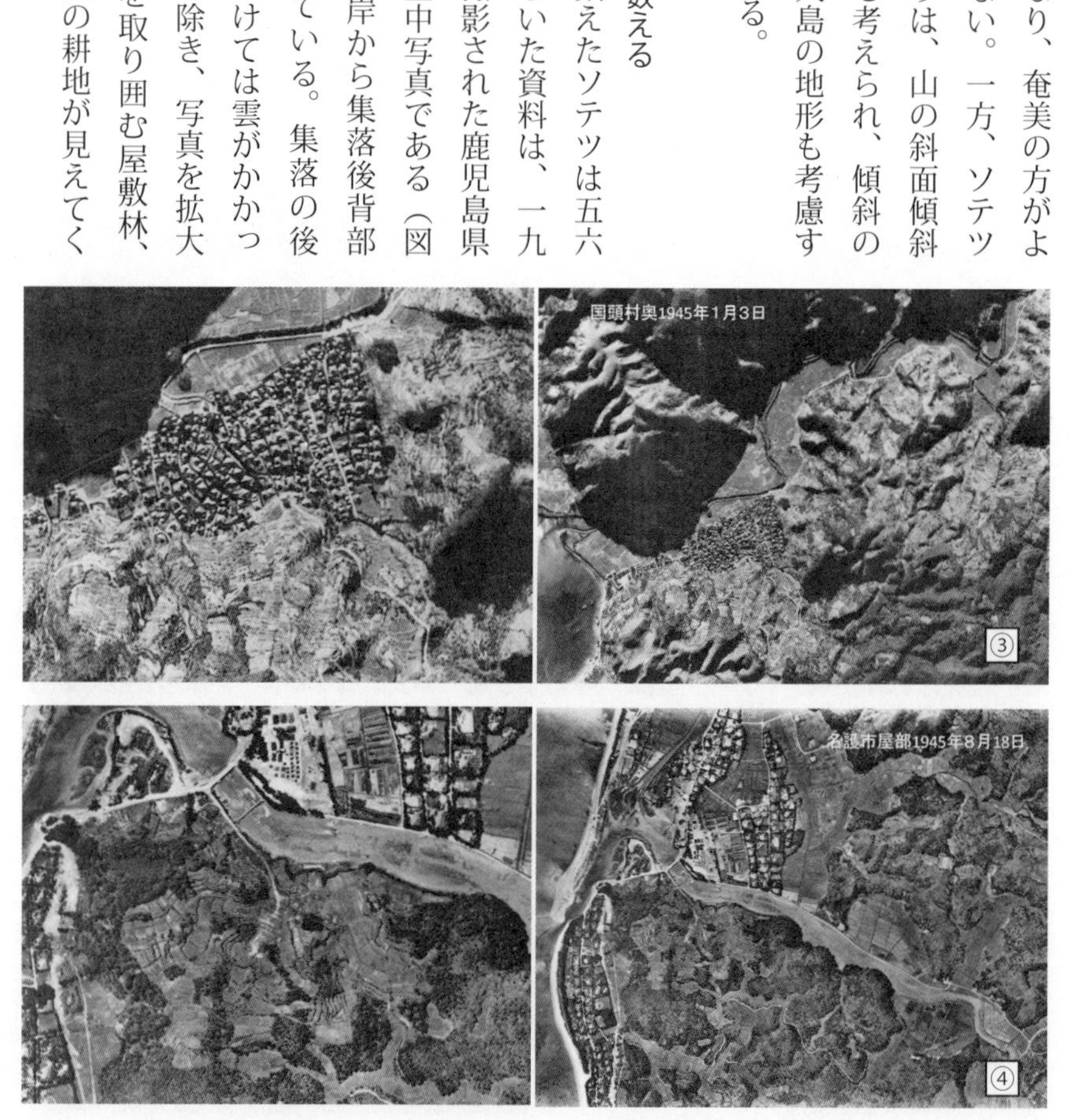

図２．古い空中写真からみた沖縄の畑の様子。③国頭村奥（1945 年 1 月 3 日：沖縄県公文書館蔵）、④名護市屋部（1945 年 8 月 18 日：国土地理院蔵）、左側の写真は右側写真の拡大。

る。地面が明るい色に見えるのに対して、植物は黒か暗色に見える。根瀬部集落で、集落の方々にこの写真を大きく拡大してお見せしたところ、とくに黒く見える丸い形のものが植えられたソテツであることを確認できた。またドーナツ状に内側が白く見えるソテツは、実がついたメス株であるという（盛口・安渓二〇〇九）。この写真を対象に、安渓（二〇一一）が、10m方形区を10個おいて数え、平均一〇〇平方メートルあたり五・二本とソテツ本数を推定している。今回は写真一葉の全個体数を数えようと試みた。そこで空中写真からソテツを判定する基準を次のように定めた。黒から暗色であり、周辺の植生より色合いが濃く、おおむね円形状であるものをソテツとする。ドーナツ状の場合は実をつけたメス株であるとした。また、写真の上では重なっていて密植されている場所もありそうだったが、黒の円形の周りを地面の明るい色が取り囲んでいるか、列状に連なっていることを判断の目安にした。

図3．分析に使用した奄美市名瀬根瀬部の空中写真（1945年7月21日）

GISによる分析

どのような場所にソテツが生えていたかを分析するために、空中写真を簡易に地形図に貼り付けた。写真を地理情報システム（GIS）に取り込み、佐土原他（二〇〇五）の方法で、二万五千分の一地形図（国土地理院発行・数値地図「開聞」）と10mメッシュ標高データ（国土交通省発行・数値情報）を下地に空中写真から読み取った道、交差点、構造物、地面の凹凸を参照点に補正した（アフィン変換による幾何補正という）。空中写真は上空から撮影されているために、レンズと被写体の距離が大きい。するとレンズの中心部分に入る場所にくらべて、周辺部はゆがみが大きくなる（日本地図センター空中写真部編 二〇〇〇）。最近のものは、撮影時の位置情報やカメラの傾き、また地上での測量にもとづく正確な数値情報等により補正できる（正射投影によるオルソ幾何補正という）。古い空中写真では地表の様子が現在得られる数値情報にくらべて変化が大きい。このため幾何補正したが、精度が低くなるものの、貴重な資料を活用できる。

以下では、ソテツ一個体ずつに地形情報を与えた分析と、10m間隔で空中写真の撮影範囲に方形区を設定した分析を紹介する。いずれの区画もその一部に雲がかかっている場合には分析から外した。

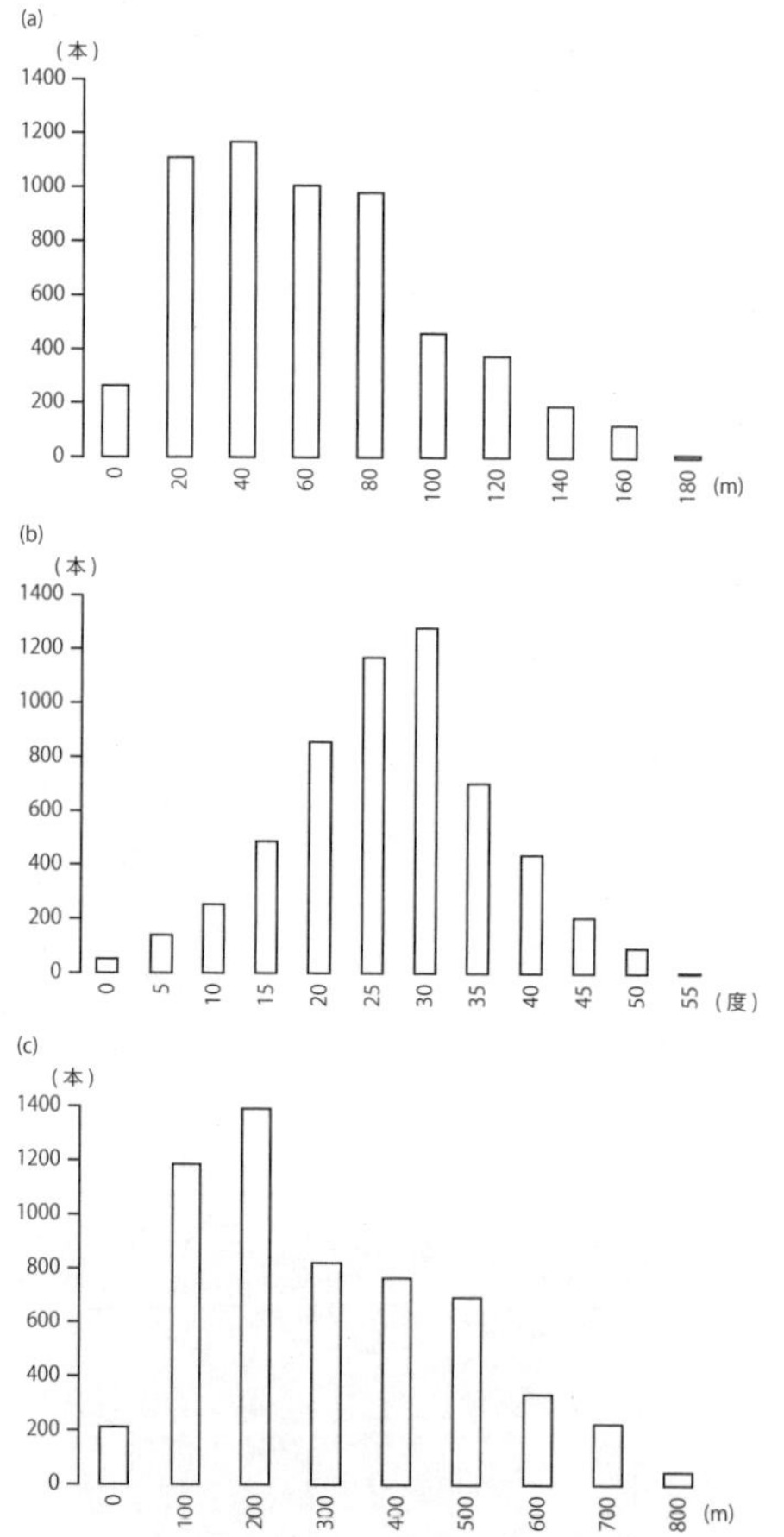

図4．10m 区画内のソテツの本数（縦軸）と、(a) 標高、(b) 傾斜、(c) 集落からの距離の関係。

表 1. ソテツ本数に関する一般化線形モデルによる分析の結果．説明変数は標高，傾斜，集落からの距離の 3 つである．応答変数は 10m 区画内のソテツ本数で，ポアソン分布するとした．

	推定値	標準誤差
(切片)	-1.3	3.9×10^{-2}
標高	7.9×10^{-4}	4.2×10^{-4}
傾斜	4.2×10^{-2}	1.1×10^{-3}
集落からの距離	-9.5×10^{-4}	-8.3×10^{-5}

ソテツはどこに植えられたのか

ソテツは標高が高い場所、傾斜角度は中くらい、集落からある程度近いところに多く見られたようである。ＧＩＳ上で国土地理院の10ｍメッシュ標高データから作成した地形図をもちいて、ソテツ一個ずつについて生えている地点の標高と傾斜角度を求めた。また、屋敷林に囲まれた建物が集まっている地区を集落として囲み、この囲みの外郭線からの距離を、集落からの距離とし、図4は、(a)標高、(b)傾斜角度、(c)集落からの距離について、それぞれのソテツ個数の頻度をグラフにしたものである。

標高、傾斜角度、集落からの距離の三つの要因を合わせて考えると、ソテツは集落に近い傾斜地に多く植えられたと言える。10ｍメッシュ標高データとこれから算出した傾斜データ、個々のソテツと集落境界との距離を説明変数として、10ｍ区画内のソテツがランダムに分布するものとして（ポアソン分布する応答変数として一般化線形モデルで）分析した（表1）。この結果から、ソテツは集落から直接には見えない稜線の反対側にも植えられているものの、集落に近く、傾斜が大きい場所に多く植えられていたと解釈できる（図5）。この分析では、10ｍ区画内に雲や海が含まれる区画を除いた八六七五区画の五六五二個体を対象とした。

オス株とメス株の違い

つぎに、実が得られるメス株が集落の近くに植えられていた。先と同じ

表2. ソテツのメスの割合に関する一般化線形モデルによる分析の結果．説明変数は標高，傾斜，集落からの距離の3つである．応答変数は10m区画内のソテツ本数に対するメス株本数の割合で，正規分布するとした．

	推定値	標準誤差
(切片)	3.1×10^{-2}	3.5×10^{-3}
標高	2.7×10^{-6}	4.3×10^{-5}
傾斜	1.2×10^{-3}	1.3×10^{-4}
集落からの距離	-9.2×10^{-5}	8.7×10^{-6}

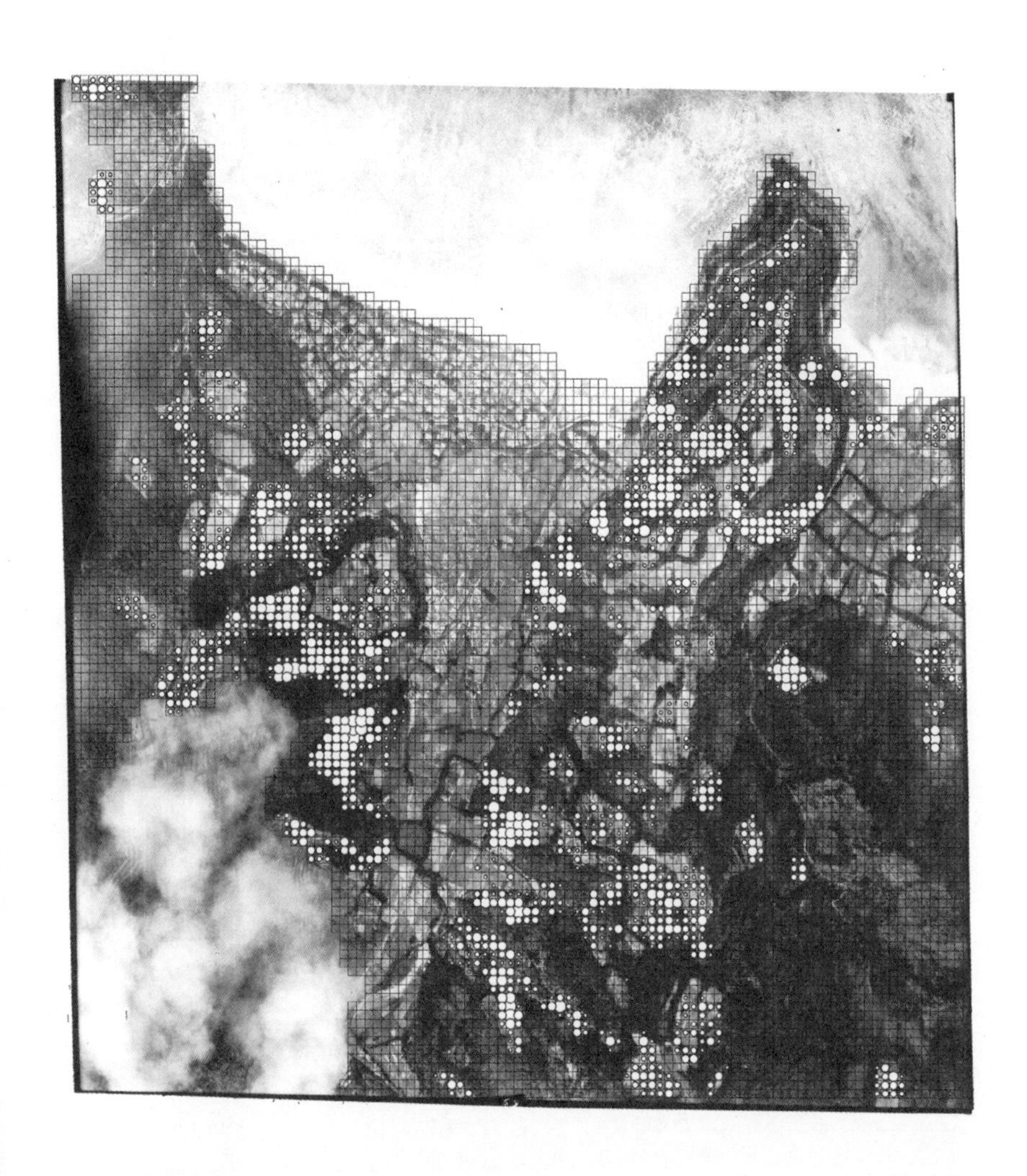

図5．根瀬部集落を10 m区画にわけ、区画ごとに含まれるソテツの本数を5段階に分類して、円の大きさで示した。ソテツの本数が少ない区画の○は小さく、多い区画の○は大きく表されている。

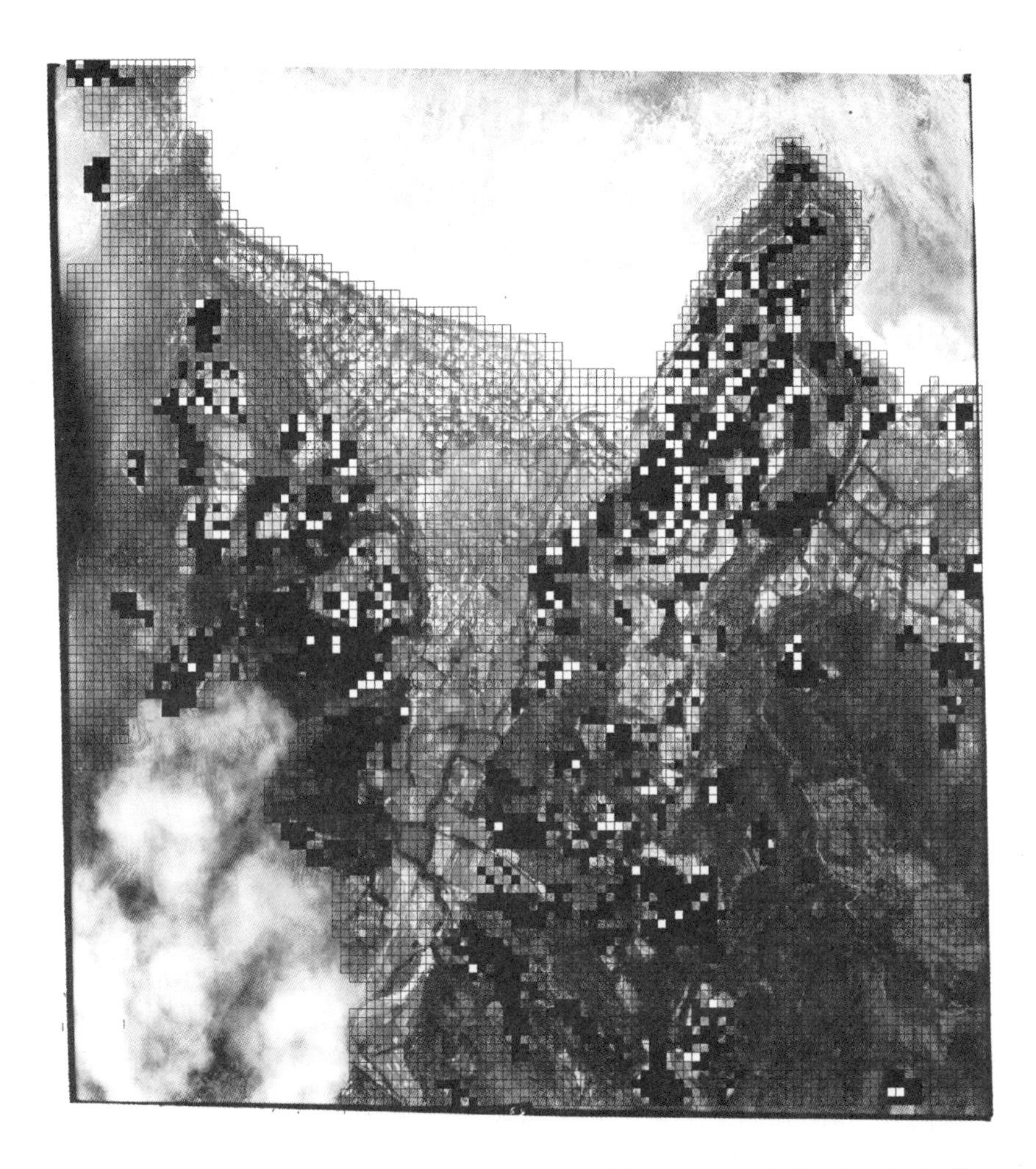

図6．根瀬部集落を10 m区画にわけ、区画ごとに含まれるソテツの本数にしめるメス株の割合で2段階に分類して、0.5以下の区画を■、以上の区画を□で示した。□の区画ではメス株が多い。

三つの説明変数、10m区画内のソテツ性比（メス株でない株、オス株と未成熟株の数を、メス株の数で割った値）が一対一が平均値になるとして（正規分布する応答変数として一般化線形モデルで）分析した（表2）。この結果から、実があるメス株は集落から近い畑に植えられていたと解釈できる（図6）。実の採取は毎年行うので、集落から近い通いやすい所に植えたといえよう。

ソテツと土地利用

根瀬部で空中写真を見ながらの地元の方々からの聞き取りでは、平地にはサトウキビや稲をつくりソテツを植えなかったという。集落近くの傾斜地はサツマイモなどを植える畑地であり、ソテツを畑の縁に植えていた。傾斜が急なところではソテツの密度が高かった。実を利用するメス株は集落に近い傾斜地に植えられていたという。聞き取りで分かったことを、空中写真の分析からも追認することができた。さらに、ソテツは傾斜地の畑の境界ばかりでなく、まとまって植えられていたようだ。集落から離れた場所には確かに列状ではないまとまったソテツが見られた。

地図から読み解く

今回、計数したところ、ソテツが一葉の空中写真に5千株以上確認できた。このような景観をどれくらい昔まで遡ることができるだろうか。一九二〇年に測図された地図（国土地理院発行）には植生記号が付してある（図7）。なお、当時の地図では「畑」を表す記号がない。記号のない空白の区画は都市部では開発途中、農村部では畑だったようだ（山下他 二〇〇九）。この地図で見たところ、空中写真でソテツを確認した位置はすべてが畑地ではなく、森林の記号のところもある。大島郡統計書では一九一一年から一九一八年まで名瀬村（現在の奄美市に含まれる）の根瀬部集落の「民有有租地」で田畑の面積が確認できる。この間、田は一三町九反から一八町七反に増加した。畑は二五町七反から二六町七反に微増したようだ。一九五六年測量の地形図（国土地理院発行）では、畑地と考えられる区画は広がっており（図8）、一九四五年の空中写真のソテツの分布と重ね合わせて考えると、おそらく昭和期に入って森林の開墾が進み、ソテツの植え付け面積が拡大していったことがうかがわれる。

近代統計資料と空中写真

ソテツの生産高は統計書に扱われ、私的な利用に留まっていなかった（早石二〇一一）。実だけでなく葉も商品として出荷していたのである。

図7．1920年測図の地図に空中写真から位置決めしたソテツ位置を示した。斜線部の囲みは植生記号から判定した耕地（おもに畑地と推定）の位置を表す。その周りは広葉樹か針葉樹の森林が広がっていたようだ。

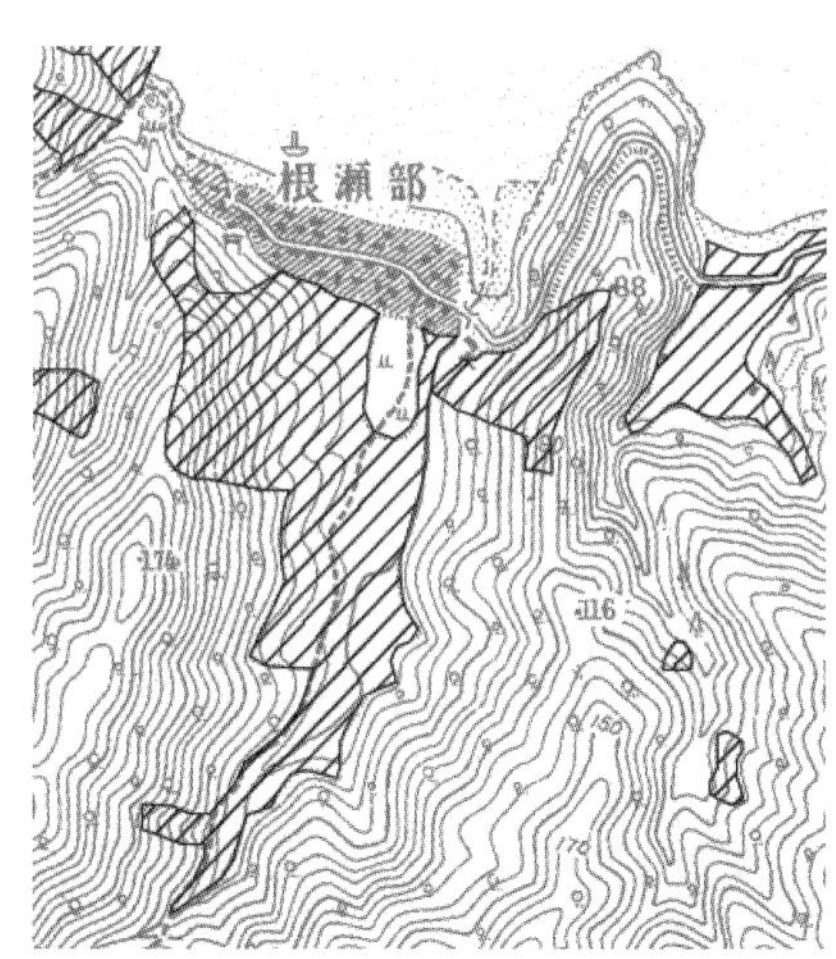

図8．1956年測量の地形図から畑地と判定した場所を斜線部で囲んだ。その周りは広葉樹の森林が広がっていたようだ。

一九二〇年の統計では名瀬村のソテツの実と葉の生産高はそれぞれ、一三五〇〇貫（約五一トン）、五〇〇〇貫（約一八八トン）であり、大島郡から、ソテツの実が一七一七一石、ソテツの根が三三〇〇〇貫、阪神方面へ、ソテツの葉が二五五〇〇貫、横浜、神戸に出荷されたようである。耕地の拡大にともない、ソテツの増産がなされ、利用方法はおそらく年々と成熟し、効率良く資源利用していたのであろう。その状況が一九四五年の空中写真に写し込まれた。

空中写真に写し込まれたソテツを数えることで、ソテツが奄美の人々にいかに身近であったかを知ることができそうである。統計書からは龍郷村（現在の龍郷町）のソテツ生産高が当時の郡内で突出していたことがうかがえる（早石二〇一一）。一方で、ソテツの生産が見られない村も多い。ソテツを数えられる高精細な空中写真はまだ多くあり、今後、ソテツ利用の地域間比較を展開することができそうである。

引用文献

安渓貴子　二〇一一「『地獄』と『恩人』の狭間で——沖縄と奄美のソテツ利用」湯本貴和編『島と海と森の環境史』文一総合出版、二二五〜二二九頁
佐土原聡・川崎昭如・吉田聡・古谷貴司　二〇一一『図解！Arc GIS——身近な事例で学ぼう』古今書院
日本地図センター空中写真部編　二〇〇〇『空中写真の知識 改訂版』日本地図センター
早石周平　二〇一一「近代の統計書——数値の合間にみる奄美・沖縄の人々の暮らし」安渓遊地・当山昌直編『奄美沖縄環境史資料集成』南方新社、七四九〜七六六頁
盛口満・安渓貴子編　二〇〇九『ソテツは恩人』ボーダーインク
山下亜紀郎・阿部やゆみ・高奥淳　二〇〇九「東京・大阪大都市圏における旧版地形図からの土地利用メッシュマップ作製と土地利用変化の分析」『地理情報システム学会講演論文集』18巻、五二九〜五三四頁

第三章　もうひとつの未来へ

近代沖縄の新聞にみるソテツをめぐる事件

当山　昌直

近代沖縄におけるソテツの利用状況については具体的な資料は少ない。このような中、沖縄県教育委員会は明治三一年から昭和二〇年までの戦前の新聞から自然と人との関わりをテーマとした内容の記事を抜き出した『沖縄県史資料編24　自然環境新聞資料　自然環境2』（以後県史自然新聞と略す）を二〇一四年三月に刊行した。この県史自然新聞の中には、近代沖縄におけるソテツに関する内容が含まれており、多くの情報を提供してくれると思われる。

ここでは、県史自然新聞よりソテツに関する情報を抜き出し整理することを試みた。抜き出しは、県史自然新聞から「蘇鉄」をキーワードに検索し、ヒットした記事の発行年月日とみだしを年代順に並べた。みだしの中にはそれだけで内容がわからないのもあるので、便宜をはかるため、内容からキーワードとなる地名をはじめ「飢饉」「食料」「中毒」「死亡」「植栽」などの語を付した。また、いくつかの興味深い内容については、紙面の許す限り、記事の内容も付した。記事の抜き出しは次の要領により行った。

一、県史自然新聞より「蘇鉄」を検索して該当する記事を抜き出した。ただし、蘇鉄が二次的にあつかわれている場合（例えばマングースが蘇鉄の下にいた）は対象からはずした。

二、みだしに「蘇鉄」の文字がみられても、後日の新聞に同様な内容が詳しく報じられ、県史資料編で内容を省略しているものは、対象から外した。

三、発行年月日、新聞頁、掲載新聞紙名、みだしの順で掲載し、必要に応じて◆の次に内容のキーワードを付した。

四、新聞紙名は次の方法で略した。沖縄朝日新聞→沖朝、沖縄時事新報→沖時、沖縄昭和新聞→沖昭、沖縄新報→沖新、沖縄タイムス→沖タ、沖縄日報→沖日、沖縄毎日新聞→沖毎、琉球新報→琉新。

五、記事中の記号等については、以下の要領による。□：新聞の活字が抜けているものや不鮮明で読めないもの。［　］：県史自然新聞編者による注記など。／：みだしの副題。

明治31年5月5日一面	琉新	久米島紀行（つゝき）	◆景観
明治31年5月5日三面	琉新	中毒患者数	◆食料死亡
明治31年9月21日三面	琉新	蘇鉄中毒	◆粟国食料調理死亡
明治31年9月23日二面	琉新	渡名喜島の飢饉	◆景観暴風食料救荒
明治31年12月3日三面	琉新	鳥島饑饉の詳報	◆暴風食料
明治31年12月5日三面	琉新	鳥島饑饉の詳報	◆暴風食料救荒
明治32年2月26日三面	琉新	久米島たより	◆飢饉食料
明治32年3月18日二面	琉新	粟国島たより	◆栽培管理
明治32年8月1日三面	琉新	蘇鉄の中毒	◆大宜味食料調理死亡
明治32年9月29日二面	琉新	学会彙報	◆研究
明治32年10月1日二面	琉新	三宅驥一氏	◆研究
明治32年11月21日二面	琉新	伊平屋島飢饉後の景況	◆植栽
明治33年3月5日三面	琉新	蘇鉄の中毒	◆渡嘉敷食料調理
明治33年11月13日二面	琉新	齋藤郡長の粟国島談	◆食料常食
明治34年4月11日二面	琉新	国頭雑信	◆飢饉食料
明治34年4月17日三面	琉新	蘇鉄の消毒薬	◆国頭治療法

明治34年8月1日三面	琉新	蘇鉄の中毒	◆屋我地食料死亡
明治34年9月7日三面	琉新	蘇鉄の中毒	◆美里食料調理死亡
明治35年2月9日二面	琉新	国頭間切りの饑飢	◆食料救荒
明治35年2月11日二面	琉新	久米島の饑飢	◆食料
明治35年3月11日二面	琉新	那覇署長の伊平屋島談	◆暴風調理食料景観
明治35年3月19日二面	琉新	国頭間切の飢饉	◆食料
		国頭間切の飢饉に就て	◆食料風害
		国頭間切凶荒見聞記	◆暴風食料
明治35年3月21日二面	琉新	甘藷の欠乏と蘇鉄	◆食料中毒死
明治35年3月27日二面	琉新	国頭通信（三月二十四日発）	◆処理食料常食
明治35年3月29日二面	琉新	国頭間切飢饉の実況	◆食料常食
明治35年4月1日二面	琉新	国頭間切飢饉の実況	◆食料
明治35年4月3日二面	琉新	国頭間切飢饉の実況	◆食料処理調理
明治35年5月9日二面	琉新	国頭の饑饉と薪木の低落	◆食料常食
明治35年5月15日二面	琉新	国頭地方飢饉の近況	◆食料
明治35年5月19日二面	琉新	ヒートの大猟（詳報）	◆名護市風災食料
明治35年7月3日三面	琉新	蘇鉄の中毒	◆久米島仲里食料死亡
明治35年11月11日三面	琉新	粟国島事情（一）	◆栽培燃料食料
		蘇鉄の中毒	◆宮古島下地間切仲地食料死亡
明治36年11月5日二面	琉新	座間味間切長の事跡（下）	◆植栽植付食料
明治37年9月13日三面	琉新	蘇鉄の中毒患者	◆渡嘉敷食料死亡

明治37年11月17日三面　琉新　蘇鉄の中毒　◆宮古平良仲宗根食料
明治37年12月17日三面　琉新　蘇鉄の中毒　◆宮古平良荷川取食料死亡
明治38年7月5日三面　琉新　中毒のかぞ(ママ)〱　◆宮古下地国仲食料飼料死亡、砂川
明治38年9月3日二面　琉新　八重山群島（十四）　山野に於ける天然の生産物　◆資源澱粉
明治38年11月5日三面　琉新　蘇鉄の中毒（三人死亡）　◆大宜味塩屋食料
明治39年4月1日五面　琉新　島尻郡の澱粉製造高　◆澱粉
明治39年4月11日二面　琉新　菊池氏の沖縄観㈢　◆粟国燃料食料
明治39年11月16日三面　琉新　蘇鉄の中毒　◆名護食料死亡
明治39年11月20日三面　琉新　蘇鉄の中毒（一家斃る）　◆名護食料
明治39年12月12日二面　琉新　鳥島の窮状　◆暴風食料
宮古島の風害余聞　◆暴風食料
明治39年12月28日二面　琉新　宮古郡の暴風被害の状況　◆景観
明治40年1月29日二面　琉新　鳥島の状況　◆食料
明治40年2月14日三面　琉新　一家九名（全部）蘇鉄の中毒／二人は死亡　◆宮古島尻食料
明治40年3月1日二面　琉新　アンドレー博士と語る（二）／久米島は旧火山　◆研究分布
明治40年4月17日二面　琉新　渡名喜島の飢饉　◆購入
明治40年6月25日二面　琉新　与那国島の飢饉　◆暴風食料
明治42年3月31日二面　琉新　蘇鉄葉輸出状況
明治42年5月21日二面　沖毎　蘇鉄の培養　◆鑑賞用産地価格手入
明治43年6月13日三面　沖毎　沖縄みやげ（六）毒蛇と自然界　◆食料
明治44年7月6日二面　琉新　慶良間一斑（三）　◆景観栽培食料

明治44年7月11日二面　琉新　慶良間一斑（六）　◆飼料
明治45年7月27日三面　琉新　蘇鉄を食て中毒／二名は死し一名は重症　◆国頭食料
明治45年7月30日三面　琉新　蘇鉄中毒者遂に死す　◆国頭食料
大正元年8月11日五面　琉新　又もや蘇鉄の中毒／夫妻共に死す　◆大宜味食料
大正2年3月1日三面　琉新　半年間の中毒者　◆県死亡
大正2年8月4日二面　沖毎　『琉球諸島』（一）　◆景観
大正3年3月19日一面　琉新　博物学上より見たる琉球（三）　◆研究分布
大正3年6月24日三面　琉新　飛耳張目　◆東京果実薬
大正3年8月30日三面　琉新　蘇鉄に中毒して／乳呑子を残して一家全滅　◆羽地饒平名食料
飛耳張目　◆国頭中毒食料常食
大正3年9月18日二面　琉新　粟国事情　◆栽培実
大正3年9月24日二面　琉新　八重山の暴風被害　◆八重山食料
大正3年11月7日二面　琉新　宮古通信／伊良部より　◆暴風食料
大正3年12月2日三面　琉新　伊良部通信　◆暴風食料
大正3年12月15日二面　琉新　粟国だより　◆渡名喜飢饉購入
大正4年2月16日二面　琉新　渡名喜島の惨状／一千の島民饑に泣く　◆暴風飢饉食料中毒粟国購入
大正4年2月16日三面　琉新　蘇鉄の実と売薬商　◆京阪地方実購入
大正4年2月22日三面　琉新　寄合話（廿六）　◆渡名喜島飢饉食料調理
大正4年2月24日二面　琉新　渡名喜島現況／一千の島民飢に泣く／回復期は五十日後　◆暴風飢饉食料燃料
大正4年2月25日二面　琉新　饑饉彙報　◆渡名喜島食料粟国購入
大正4年3月3日二面　琉新　琉球饑饉史（六）　◆近世植栽飢饉救荒食料

大正4年3月9日二面　琉新　琉球饑饉史（十二）　◆近世食料
大正4年3月11日二面　琉新　琉球饑饉史（十四）　◆近世植栽
大正4年3月12日二面　琉新　琉球饑饉史（十四）（ママ）　◆近世処理法
大正6年6月22日三面　琉新　蘇鉄中毒／二人は死亡し／七人は苦悶す　◆伊平屋後島食料
大正7年1月15日三面　琉新　伊平屋の饑饉／島民甘藷の欠乏に苦む　◆干魃暴風食料
大正7年1月16日二面　琉新　琉球みやげ（七）　◆景観
大正7年2月21日三面　琉新　甘藷欠乏の悲劇／蘇鉄を食つて死す　◆具志川村太田食料
大正7年2月23日三面　琉新　本県で最も適当な副業（一）／県当局の調査せる物は十五　◆澱粉
大正9年8月7日二面　沖時　天然記念物調査／中野理学博士来県　◆研究
大正10年3月8日□面　沖タ　三年余も研究して漸く見届けた「蘇鉄の毒」／麑島高農教授吉村博士／泰西の学説を否定
昭和2年7月9日□面　沖タ　県衛生課で……蘇鉄の毒素を研究／鹿児島高等農林の吉村博士の指導を受けて
昭和2年7月9日□面　沖タ　薬用や滋養に富む蘇鉄の研究／吉村博士近く発表
昭和2年10月13日二面　沖朝　蘇鉄地獄の食料（一）　◆近世植栽飢饉
昭和3年9月8日二面　沖昭　琉球の地割制度（二）　◆南風原植栽
昭和7年9月16日□面　沖朝　久米島　植物採集記（2）　◆研究大ソテツ
昭和14年8月27日二面　沖日　蘇鉄の話（一）　◆研究分布
昭和14年8月28日二面　沖日　蘇鉄の話（二）　◆研究救荒
昭和14年8月29日二面　沖日　蘇鉄の話（三）　◆研究植栽中毒食料
昭和14年8月30日二面　沖日　蘇鉄の話（四）　◆研究成分
昭和14年8月31日二面　沖日　蘇鉄の話（五）　◆研究食料
昭和14年9月1日二面　沖日　蘇鉄の話（完）　◆研究用途

日付・面	紙名	みだし	
昭和15年2月14日二面	沖日	支那向け輸出　ソテツ味噌／大量注文に応じ得ず	
昭和15年3月13日二面	沖日	含水酒精の原料に蘇鉄も登場す／甘蔗の生取引を照会	
昭和15年3月15日一面	琉新	酒精原料に蘇鉄使用／酒精会社で調査	
昭和15年3月18日二面	琉新	酒精原料に甘藷代用／原料会社で計劃	
昭和15年4月1日二面	沖日	蘇鉄も重要資源に／澱粉製造業勃興す／南洋殖産五万トン目標	
昭和15年5月2日二面	沖日	座間味村で蘇鉄の切干／急救飯米特配を陳情	
昭和15年5月13日二面	琉新	蘇鉄を原料に代用品発明	
昭和15年5月24日三面	琉新	節米に蘇鉄食！／離島渡嘉敷村で切干貯蔵／一日一回は飯米代用に実行	
昭和15年7月11日四面	琉新	蘇鉄	◆食料随筆
昭和15年7月30日二面	沖日	蘇鉄味噌の原料と　販路の開拓を／醸造元・鶴田氏調査に来県す	
昭和15年8月1日三面	琉新	けふの話題	◆澱粉
昭和15年9月19日三面	琉新	蘇鉄の実や麦の代用食で凌ぐ／離島粟国村へ飯米増加要望	
昭和15年10月2日一面	琉新	蘇鉄の実から家畜の飼料／厚生省技師が資料調査	
昭和15年10月5日二面	沖日	蘇鉄澱粉／価格を指示	
昭和19年12月11日二面	沖新	蘇鉄で中毒死	◆多良間食料
昭和20年1月23日二面	沖新	〝何でも食へるぞ〟／野生植物の食糧化	
昭和20年2月5日二面	沖新	決戦食はこれで／学童動員し野草蒐め	◆食料
昭和□年□月□日□面	〔紙名不明〕	水無月と……面白い動植物季節／沖縄測候所の発表	
□□□年□月□日□面	〔紙名不明〕	世界一の大蘇鉄	◆読谷村伊良皆

「蘇鉄」が記事中に掲載されているみだしは合計一一九件（同一日の同一面で複数のみだしもそれぞれ一件

として数えた）であった。そのうち、みだしまたは内容において「食料（中毒も食料とした）」を扱ったのが六八件（約五七％）で半数以上である。そのうち「常食」としているのは五件で、「食料」のなかでは約七％にすぎないが、中毒だけの記事内容を除くと四一件となり、それに占める「常食」の割合は約一二％となる。

「中毒」を扱ったのが二七件（約二三％）で、そのうちの二一件（中毒の約七八％）が死亡している。中毒については、比較的高い比率になっているが、事件性が強いこともあって、実際に起こったらほとんどが新聞に掲載されたと思われる。食料、日常的な常食のことを考慮すると、実際は全体に対する中毒の割合はほんの僅かかもしれない。

次に「飢饉」を扱ったのが一九件（約一六％）で、その一九件のうち、干魃は一件のみで、大半の八件が暴風と関連している。つまり、暴風により飢饉が生じ、それにソテツが食料、または中毒などの事件を起こしたことが理解される。また、「飢饉」とまでは行かなくとも、「暴風」とソテツが関係していると思われる記事は「暴風」でみると一五件（全体の約一三％）があげられる。

記事中で興味深いのは、たびたび飢饉に襲われる渡名喜島が粟国島からソテツを購入していることである。明治四〇年四月、大正三年一二月、大正四年二月一六日と二五日の紙面四件にみられる。ソテツが救荒植物として売買されていたことを裏付けるもので、またその分、粟国島はソテツが豊富に栽培されていたことが理解される（明治三二年三月一八日、明治三五年一一月一一日、大正三年九月一八日紙面参照）。他には、飼料に利用したこと、解毒法などいろいろな興味深い記事もみられる。以下、近代沖縄の新聞に載ったソテツの記事の中から、紙面の許す範囲で記事の一部を紹介する。

中毒および死亡について

県史自然新聞から中毒および死亡に関連する記事の中から数例を載せる。

①明治37年12月17日三面　琉球新報　蘇鉄の中毒

宮古郡平良間切［略］SKは去月十六日午后二時頃蘇鉄に甘藷の葉と味噌を混入して昼食を調理し妻K長男K（三十二年）四女K（十六年）長男妻M（廿九年）長女K（八年）孫二女K（四年）孫三女M（当年五ケ月）と共に食し夜八時頃に至りK夫婦及ひ長男Kの三名にて中酒四合を傾け遊る後ち家族一同芋と味噌汁にて夕食をすまして寝に就きたる□翌十七日午前一時より孫K同二時頃より長男妻M同朝八時頃より毒（ママ）Kは孰れも腹痛を覚え忽ちにして人事不省の状態に陥り早速応急の手当を為したる甲斐なくKは仝朝三時頃Kは午后二時頃Mは仝朝八時頃孰れも死亡せりといふ四女Kは午前二時頃より腹痛を催し並に下痢を為し午后四時頃二回嘔吐を為したるも生命には別条なく其他の人々も別に異状なかりしと

②明治39年11月20日三面　琉球新報　蘇鉄の中毒（一家斃る）

国頭郡名護間切名護村HU（四十二）は去る十二日午后六時頃夕飯に本年三月より貯はへ置きたる蘇鉄を炊きU妻K（四十年）長男U（十年）次男E（六年）一家四人共に食せしがU及KUの三名は翌十三日午后六時に至り中毒して死し同日午后八時半にはEも中毒して死にたりと

③大正3年8月30日三面　琉球新報　蘇鉄に中毒して／乳呑子を残して一家全滅

国頭郡羽地村［略］TK（三五）同人妻N（三二）長男K（一一）長女M（五つ）及び同字［略］NS（四七）の五名が蘇鉄の中毒にて死亡したる椿事（ちんじ）あり同人等は去る廿一日午前七時三十分前記K方に於て蘇鉄に米を混ぜたる雑炊を一家打揃ひ朝飯を食ひ居たる所へ前記NSも畑へ出る途（みち）すから立寄り一緒に右の雑炊を食いK夫妻と打連れ畑仕事に出でたるに午後まで何の異状もなかりしに午後四時頃家にありし長男Kが腹痛にて苦み出し同六時長女Mも又同じく激しき腹痛起り共に苦悶し居りしよりK夫妻は其の看護をなせし所八時頃に至り両人も又腹痛し出したるに愈々中毒と判りたるも遂に治療の効なく廿二日午前一時より午前八時迄に一家相続いて死亡し朝飯を突合たるNSも当日午

后四時より中毒の状を呈し同日七時遂に死亡せり猶K一家は本年五月生れの次男Kのみ生残り一家全滅の惨劇となりし□由

多良間島をはじめ宮古諸島からも死亡事例の記事が見られるが、①はその一つとしてあげた。反面八重山諸島からの事例は少ない。②および③は一家全員が被害にあって死亡するという痛ましい事故であるが、いずれも一家揃っての食事にソテツが使われたことと関連し、症状なども詳しく記されている（一部内容を略した）。

植栽について

県史自然新聞から植栽に関連する記事について、その該当部分を載せる。

④明治32年11月21日二面　琉球新報　伊平屋島飢饉後の景況

［略］三、荒蕪地を開拓利用して蘇鉄を植へ附け凶年饑饉の際食物の用に供する事［略］

⑤明治36年11月5日二面　琉球新報　座間味間切長の事跡（下）

△蘇鉄植付の事　本県各地方一般凶歳の際食料欠乏を告くる時は蘇鉄を以て一時の窮を済ふの常なるが殊に全間切は那覇を距ること二十二海里の慶良間群島の一にして交通極めて不便なるを以て凶荒に備ふる蘇鉄の保護は本島に比し最も注意を要する事なるに然るに島民一般前述の思慮なく随て伐採すれは随て保護するの道なく伐採のまゝ一時の需用に充したるに任せ漸次荒廃に帰するを憂ひ一昨三十三年より島民を奨励し農事の余暇を以て毎年植付ける事とし既に各村に於て其植付反別一町歩余宛あるに至れり［後略］

⑥大正4年3月3日二面　琉球新報　琉球饑饉史㈥

［略］国頭郡奥邑金城小禄ともに辺戸邑に往き鉄樹を取り来りて以て奥邑に植え以て飲食の欠を補ふ其の男宮城神里等父志を追継して克く心力を竭し鉄樹を培養し已に蕃衍を致す康煕已丑の年大に餓え人民餓孚あり雍正乙己丙午年間

五穀登らず民亦た食を失ふ彼の二名元のまゝ鉄樹を斫取て国頭大宜味郡並に久志郡川田平良邑、恩納郡安富祖名嘉真邑に給発して以て賑救を為す此年（享保十四年巳酉）に至り鉄樹の種を発して国頭府九郡に分給して預め荒凶の用に供す［略］

⑦大正4年3月11日二面　琉球新報　琉球饑饉史（十四）

［略］渡名喜の下知役は解かれた文政元年から本年迄十年間欽允泰慶田筑登之親雲上喜本が下知役を勤め其の指揮監督の功に依つて挽回したからである或は銅銭を借して船隻を製造せしめ或は不毛の閑地に蘇鉄を栽植して凶荒に備ふる事又は桑の木を植えて養蚕を奨励する等色々やつたらしい［略］

⑧昭和2年10月13日二面　沖縄朝日新聞　蘇鉄地獄の食料（一）

［略］尚敬王の十七年（享保年間）に国頭村奥の人宮城といふ者と神里といふ者の二人が辺戸から蘇鉄の種子を取つて来て自分の村に植付て大いに繁殖せしめた［略］

⑨昭和3年9月8日二面　沖縄昭和新聞　琉球の地割制度（二）

［略］

一、蘇鉄子植付方不行届方壱本に付同弐貫文つつ

一、屋敷囲苦竹植替不行届方一家に付弐百貫文づつ

右間切中諸仕付勝負之儀此勤より仕不足之所は個条之通り科銭相定置候間毎家内雑子抜仕候様人別可申渡置候［略］

⑩昭和14年8月29日二面　沖縄日報　蘇鉄の話（三）

［略］球陽と言ふ書物は［略］、其の巻の十二に琉球本島の奥邑の宮城、神里といふ人達が隣村の辺戸から蘇鉄の苗を取つて来て之を自分の村に植付けて後年の凶作に備へたといふので時の尚敬王に表彰されたといふ記事があります又八重山農務帳といふ書物には「蘇鉄の儀飯料の補に相成り、殊に耕作不能成る場所、石原、兼久地（海岸のこと）に寒暑、風雨を構はず生致候物にて別て重宝成る物に候間惣頭一人に付十本宛植付可き候事」とあります尚琉球本島の農務帳には「蘇鉄の儀凶年の補にて候一人に付三十本宛の例を以て年々植付け、本数帳面をもつて取締

らせ数毎□改候事」と言ふ条文か見られるのであります、尚同時に蘇鉄の栽植を励行しない場合の罰則をも定められて居るのであります、［略］

以上、七件の事例を記したが、植栽を記した記事は全体に比較すると意外と少ない。③と⑤は球陽読み下し八九六にみられる内容であり、④も同じく球陽一六五二にみられる。⑥⑦も近世琉球の植栽と関連するものである。結局、現状を記したのは①と②だけである

近代沖縄の新聞にみられるソテツの記事について概要をまとめてみる。まず、中毒や中毒死などが目に付く。これは、新聞記事という性格上、もらさず載せた結果、目立つようになったかもしれない。実際は、食料としての記事に注目したいところだが、異なる視点からみると、事件性を求める新聞記事の性格上、日常のソテツの記事の掲載量が少なくなることが予想される。このような背景を考慮したとして、近代沖縄の新聞記事をあらためてながめてみると、飢饉時の救荒植物としてのソテツ、飢饉とはまではいかなくても、暴風や干魃後の食料としてのソテツ、そして貧しい食料事情の中における常食としてのソテツなど、いわゆる沖縄の人々を救ってきたソテツの位置付けが浮かび上がってくる。このような意味でも、沖縄におけるソテツ利用については、改めて調査研究を行い、その実態を明らかにしていかなければならないといえよう。

◇コラム◇　国境を越えるソテツ

前田　芳之

種子の輸出

ソテツの切り葉の輸出は一八九四（明治二七）年ごろから始まったが、ここでは筆者がかかわってきたソテツの種子の輸出について主に述べる。

種子の商業的流通は比較的近年になってからである。本格的に始まったのは一九七五（昭和五〇）年頃からで、最初はオランダと台湾からの注文が多かった。その後は一時イタリア、スペインなど暖地で露地栽培可能な国も輸入に参入してきた。中国は改革・解放政策を始めてしばらくたった一九九〇年ころから大量の輸入注文を出し始め、それをめがけて奄美大島や徳之島でソテツの種子の争奪戦が始まった。当初は香港経由だったが、その後貿易体制が変わり中国国内に直接輸入できるようになると、奄美大島・徳之島方面から毎年大型コンテナ二〇ft換算で七台以上（一台あたり一〇〇万個相当）の、前代未聞の量が搬出された。この時は生産者からの買い取り価格が高騰し、種子の盗難事件が多発したほどである。瀬戸内町などは町おこし事業の一環として生産組合を設立したり、補助金で赤い外皮を取り除くための加工工場の建設までおこなった。

二〇〇九年頃から中国側の事情で中国向けの輸出が下火になったが、アメリカ合衆国での観葉植物としての需要が上向きになり、その苗の生産地としての中南米へ向けての輸出が比較的安定した状況で続いている。

奄美からのソテツ苗の輸出も一九九〇年頃には計画されたが（図1、2）、中国や中南米が奄美地域から輸入した種子をもとに、安い人件費と、奄美諸島より気候的にも恵まれた農場で生産した苗を国際的な市場に出荷し始めたので、日本の生産者は価格競争に勝てずに撤退した。現在の正確な資料はないが、中国には輸入種子から生産されたソテツの苗が福建省を中心に一億本以上あると私は推定している。

ソテツの株については、国外向けに搬出が始まったのは未だ奄美大島名瀬港に税関があった時代からである。一九六五年頃には濫掘がおこり、新聞（『南海日々新聞』（一九七〇年二月五日）に取り上げられるほど問題になっていた。このころは主に奄美地域のソテツ株の輸出だった。農業の機械化がすすみ、土地改良などで段畑がこわされ広い畑に再編成されると、これにともなって膨大な数のソテツ株が出たからでもあった。

沖縄八重山の新城島や黒島で、畑作から牧場へ農業が変わったときも、畑のソテツが売りに出された。昭和六一年（一九八六年）ごろである。島にもともといる牛はソテツを食べないが、外から持ち込んだ牛がソテツを食べて死ぬのでソテツを撤去して欲しいという要望が強くあったのである。ソテツの葉や根が残らないように、よく見て穴に埋める後始末に手間がかかった。その結果、現在の八重山の牧場には、ソテツが畑の境界に並んでいた当時の面影はまったくない。

その後も株の輸出は続いたが、一九八八年のソウルオリンピックで韓国向けは終わった。その後は中国とヨーロッパ向けに大きな株の輸出が今も続いている(図3)。中国向けはほとんどが福建省に持ち込まれたが、現在ソテツは飽和状態になり最近は他の樹種（イヌマキ、シマサルスベリの大木等）の輸出に移行している。

輸出種子の加工状況

輸出用ソテツ種子は、はじめは外皮付きの状態で乾燥して出荷されたが、輸出量が増えるに従い、乾燥場が不足したために、収穫したあと乾燥を経ないで袋詰めして輸出されるようになった。このような方法で出荷されると、果肉部分の水分が多いためにカビの発生や腐敗が多くなり、到着地での発芽不良や害虫の混入といった問題が持ち上がった。そのため現在では外皮を除去して、乾燥させた状態で防黴処理までして出荷することが主流となった（図4、5）。

図1．輸出用苗の生産圃場では鉢土の用土をピートモスのみにかえ土は使わない。

図2．検疫上、輸出用の苗は事前に栽培地検査を受ける。

図3．輸出されるソテツ株状況。

図4．集められたソテツ種子はプールに浸けて外側の皮を発酵させる。

図5．剥離機で皮をむき、水洗後乾燥して計量する。一袋 2500 個で 28 ～ 30Kg ある。

琉球列島の里の自然とソテツ利用

盛口　満

高い島と低い島

「沖縄の里は、一面のサトウキビ畑」――これが関東地方の田舎から沖縄に移住した私の第一印象であった。ところが、琉球列島の島々の里は、島や集落ごとに実に多様であったことが、年配の方への聞き取りから、徐々に明らかになってきた（当山・安渓編 二〇〇九など）。かつては水が得られる土地であれば稲作も広く行われていた。稲作がすたれるのは、沖縄島においては一九六三年の大干ばつが直接のきっかけであり、奄美大島においては一九七〇年からの米の生産調整の始まりを期にしている（盛口 二〇一一）。そのような結果が「一面のサトウキビ畑」というイメージを作り出していたわけである。また、水田の消失の背景には、奄美・沖縄共通に自給自足型社会からの転換があった。沖縄県の農業に関わる統計を見ても、稲作の減少と並行して、ダイズの生産量が激減することがわかる。それまではタンパク源として重要であった自家製の豆腐や味噌が、お金で賄えるものへと変化したことがそこから見て取れる（盛口 二〇一一）。逆に言えば、水田の存在していた時期までは、さまざまな程度ではあったが、自給自足型の生活、ひいては多様な自然利用が見られたと考えられる。そこで、「水田がまだ見られたころ」というのを目安として、地域の年配の方々から自然利用に関する聞き取りを行うことにした。聞き取りがおこなえたのは、屋久島・種子島・奄美大島・沖縄島・久米島・伊良部島・石垣島・鳩間島・波照間島・与那国島の在住または出身の方々からであった。

琉球列島の島々は、大まかに言うと隆起サンゴ礁からなる低い島と、山や河川のある高い島に分けることができる。低い島の土壌基盤は石灰岩が占める割合が高い。また、沖縄島などは、高い島からなる北部と、低い島からなる南部という、両島の性格を併せ持っていて、全島を平均すると低い値となってしまう（表1）。

全体的な土地利用については、高い島と低い島ではどのような違いがみられるだろうか。八重山を例にして説明しよう。高い島である西表島においては、「しマ」（集落のことを指す）の周囲は「しマヌマール」と「ヤマナ」に大別されるという（安渓編 二〇〇七、ひらかなは、有気無声音を示す）。「しマヌマール」は、「しマ」の周囲のことで、集落のほか、墓や耕作地、「ガヤヌーナー」（カヤ原）、「アダヌヤン」（アダンの藪）などがある。

一方、「ヤマナ」は「しマ」の背後につらなる山や森のことで、大きく、「アーラ」（山裾）、特に名前が付けられていない中間部、「しクヤン」（奥山）に分けられる。

また、「しマ」周辺を識別するもう一つ別の区分として、イノシシが入り込むのを避けるための猪垣の内側（「シーヌウチ」）と外側（「シーヌふカ」）というものもある。

一方、私が聞き取った波照間島は全島、耕作地化しているため、西表島のようなダイナミックな里周辺の区分はなく、単純化した土地区分しかなさそうである。しかし聞き書きをしてみると、小さな起伏や土質、利用状態にあわせた細かな土地の利用と、それに対応した畑の名称が存在する（表2）。この波照間島の土地利用についてうかがったとき、琉球列島の里の自然は、本当に島または「しマ」ごとに多様であるということを実感させられた。

表1．主な調査対象における石灰岩地の割合（目崎 1980 より作成）

島　名	石灰岩の占める割合
沖縄島	17%
石垣島	17%
久米島	20%
与那国島	41%
伊良部島	85%
波照間島	100%

表2．波照間島の土地利用と畑の呼称

畑の名称	特　徴	作　物
ブシドゥーマシドゥー	主畑のこと	アワ・麦・大豆の輪作
ウガリピテー	丘にある畑	アワ・イモ
キヤマピテー	ウガリピテーの休耕地	休耕地
トゥーピテー	くぼ地にある畑	サトウキビ
アラスピテー	トゥーピテーの休耕地	休耕地・カヤ原
シィバピテー	海岸の砂地の畑	イモ
ナリサピテー	海に一番近い砂地の畑	イモ
メーラピテー	砂と粘土の混じった畑	イモ

緑肥利用のタイプわけ

　島々の里の自然は、高い島か、低い島かということだけでなく、その土地の歴史によっても影響を受けている。その例を、田んぼの緑肥に使用する植物の聞き取りからまとめてみる。

　金肥（金で買う肥料）が普及する以前、日本各地で見られたのが生の植物を田んぼの肥料として鋤きこむ方法であった。日本本土においては中世において、刈敷と呼ばれた野草の肥料としての利用は肥料の主要部をしめていた（高橋　一九九二）。江戸期になり、金肥がある程度普及するようになっても、自給肥料として刈敷、灰、厩肥は重要であった。

　琉球列島においても水田の緑肥は重要で「水田がまだ見られたころ」の聞き書きを行ったところ、四つのタイプが見られた（盛口二〇一二）。

　その一つ目は「刈敷利用」とでも呼べるもので、さまざまな植物を肥料として利用していた。ただし特徴的なのは、草ではなく、主に樹木の葉を利用していたことである。

　二つ目は「導入緑肥利用」、これは導入された植物を栽培・利用するものである。今回の聞き取り調査においては、北部の種子島を除いてゲンゲの利用は聞き取れなかったが、それ以外に沖縄島中部でやはりマメ科の樹木であるソウシジュの葉を緑肥として利用したという話を聞き取ることができた。ソウシジュは本来、沖縄島には分布せず、明治期に導入された植物である。

ここで紹介した刈敷利用が本来の利用形態であるだろう。ゲンゲの利用が聞き取れた種子島においても、それ以前は樹木の葉を肥料として使用したという話を聞くことができた。しかし「刈敷利用」→「導入緑肥利用」へと直接的に進んだ例のほかに、琉球列島の中琉球から南琉球の島々においては、伝統的な緑肥利用として、以下の二つのタイプが見られた。

「クロヨナ利用」。これは、海岸や石灰岩地に多く見られる自生のマメ科の樹木であるクロヨナの葉を緑肥として利用するタイプである。

「ソテツ利用」。これは海岸の崖地などに自生するほか、里に植栽されることも多かったソテツの葉を緑肥として利用するタイプである。なお、ソテツはマメ科とはタイプは異なるが根粒を持ち、その葉には青刈りのダイズ以上の窒素分が含まれることが知られている（平尾 一九五六）。

緑肥としてソテツを利用した地域と、クロヨナを利用した地域を地図の上におとすと、きれいにその分布が分かれる（図1）。クロヨナもソテツも緑肥として同様な効果があるとしたら、なぜこのようなはっきりとした境界線が生じるのだろうか。また、どちらかがより効果があるのだとしたら、なぜ一方だけが広く分布することにならなかったのだろうか。

クロヨナは、沖縄島南部での聞き取りではウカファという名称で呼ばれていた。そしてクロヨナの方名を聞き集めると、沖縄島から八重山にかけて、さまざまなバリエーションがありつつも、ほぼウカファを語源とした名であることがわかる。

ここで、緑肥としての「クロヨナ」の利用がみられる地域を例にとって、里の風景の概略を復元してみることにしよう。典型的な「クロヨナ利用」が聞き取れた沖縄島南部・仲村渠は低い島的な環境にある集落である。仲村渠周辺の地形を概略すると、海に面して、沖積平野が広がり、その背後に段丘崖がある。段丘上は石灰岩を母岩とする平たん地が広がっている。集落があるのは、段丘崖上である。森林は段丘崖の岩場など、耕作不能地に限って存在している。

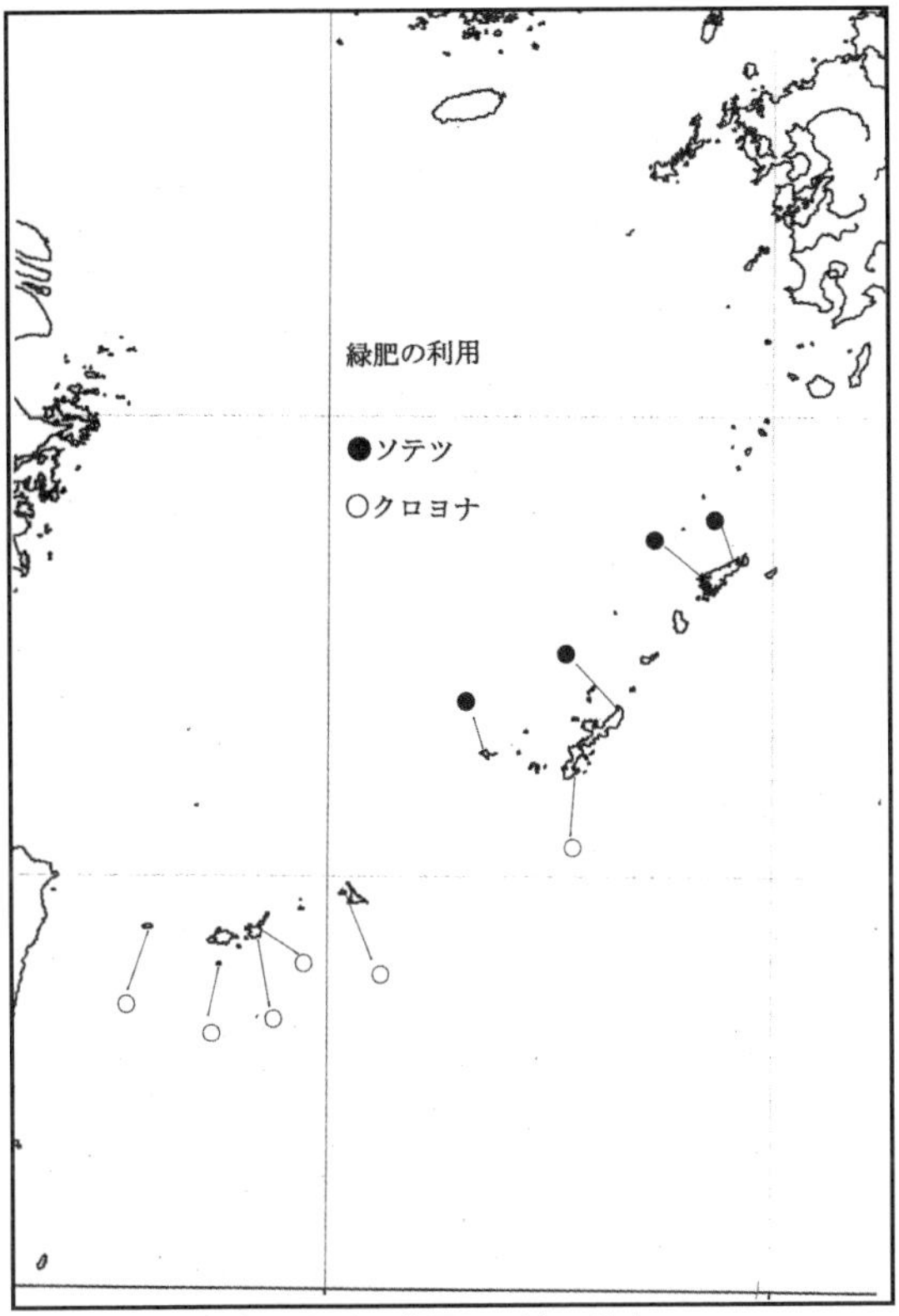

図１　琉球列島における緑肥の利用分布

仲村渠のかつての里の風景はどのようなものであったろうか。「水田がまだ見られたころ」の仲村渠の里の様子は、耕作地のほかに、大きく「ウカファ山」と「原野」と呼ばれる区分があったことがわかった。段丘崖の途中から湧き出る水を水源として流路に沿って水田が開かれていた。その水田の緑肥として使われたのが、クロヨナ（ウカファ）であった。耕作地として開墾が不能な石灰岩の露岩

表3　ソテツの生育していた場所

地名	ソテツの生育していた場所
奄美大島	スティツバティ（ソテツ畑）・畑の境界
沖縄島（奥）	畑の縁に植える・原野（手入れされている場所）
沖縄島（仲村渠）	畑の畔の脇・原野（タムン山と採草地を兼ねる場所）
久米島（仲地）	スティツブリー（畑脇・ソテツばかりの植栽地）
石垣島（登野城）	石灰岩地の原野（どちらかというと邪魔者的存在）
波照間島	畑の周囲に土止めとして植える
与那国島	畑の境界に防風用として植える

注：なお、伊江島ではソテツ敷（ソテツを植えた畑）とソテツ毛（ソテツが自然に生え群生している場所）という呼び分けがなされていた（蛯原ほか編・『聞き書き・島の生活誌⑥　いくさ世をこえて』ボーダーインク　より）。

の上などにクロヨナが優先する林があり、そこが「ウカファ山」と呼ばれた。また「原野」と呼ばれる区分には、タムン山（燃料用の芝草の生える場所）と家畜の採草地としての意味合いがあった。このうちタムン山は、かつて小規模におこなわれていた製糖時の燃料の供給源として重要であり、つまりは耕作地、ウカファ山、原野が一つのセットになって、初めて自立的な営農が可能であったと言うことになる（基本的にウカファ山も原野も個人の持ち物であった）。

このように仲村渠において里の景観の復元を試み、「水田がまだ見られたころ」の聞き書きの中に里の風景の一部としてソテツの生育地が登場することはなかった。そのため、私の理解していた里の風景の中にも、ソテツは存在していなかった。しかし、それは私の認識不足であることがやがてわかった。

ソテツとクロヨナの対称関係

今度は「ソテツ利用」の緑肥が見られた奄美における聞き書きを紹介してみよう。奄美などでは田植え前、ソテツの葉を緑肥として踏み込んでいた。ソテツの葉は硬く、先端が鋭くとがっている。そのため、子どものころはこの作業がとても辛かったと語る年輩者が少なくない。その一方で、奄美における話者たちは、奄美のかつての農業は「ソテツ農法」とでも呼べるものであったとし、「ソテツは肥料として最高。これは自信を持って言える」と述べた（盛口二〇一二）。

奄美大島では、里周辺においてソテツが植えられていた場所はスティッバティ（ソテツ畑）という固有の名前で呼ばれていた。ソテツが植えられた場所を、「畑」の一部と見なしていた点に注意を払いたい。聞き書きの中の一節を抜くと「イモの無い人はソテツ。あれで育ったのよ。（中略）ソテツは自分らの恩人だからね」（盛口・安渓編二〇〇九）「ソテツは宝です。全部、使えますから。急斜面にもソテツは植えてありました。ソテツ畑と呼んだのはソテツが畑の一環としてあったと言うことです。食糧資源だったわけです」（盛口二〇一二）。また畑の境界に植えられたソテツは防風林の役目も果たした。さらに枯れた葉は燃料としても使われた。

奄美では「宝」として語られるソテツであるが、そうしたイメージは、沖縄とは異なっている印象を受けた。そこであらためて沖縄で「水田がまだ見られたころ」の植物利用についてソテツを取り上げて聞き書きをし直してみた。すると、沖縄各地でも、かつてはソテツが植えられていたことがはっきりした。現在、ソテツが見られなくなったのは、激烈な地上戦のあった沖縄戦後の食糧難の時代に乱獲され、その後植え直されることがなかったことなどが原因であることもわかってきた（盛口二〇一三）。興味深いのは、「ソテツの生えていた場所」が地域によってさまざまであったことだ（表4）。例えば当初の聞き書きではソテツの存在が語られることがなかった仲村渠においても、ソテツは植栽されていた。そのソテツが植えられていたのは、里の中で原野と呼ばれる一角であった。

表4．クロヨナの利用

地　　名	方　名	緑肥利用	生育場所
奄美大島	クロヨナ		
沖縄島（奥）			
沖縄島（仲村渠）	ウカファ	○	ウカファ山
久米島（仲地）			
石垣島（登野城）	ウカバ	○	
波照間島	ブガマ	○	田畑の周囲
与那国島	ウガバ	○	

注：このほかに、伊良部島（佐和田）ではクロヨナはウカバと呼ばれ緑肥に利用され、畑の垣根として植えられていた。

各地での聞き書きの結果をまとめると、ソテツが植えられていた場所は、①原野、②畑の縁、③「ソテツ畑」などの固有の名称を持つ場所に分類できる。

ここで、先にふれたクロヨナの緑肥利用についてまとめた表と比較することにしたい（表4）。クロヨナの生育場所も「半自然状態」「田畑の周辺」「ウカファ山（固有の名称を持つ場所）」と分類できるが、クロヨナの利用度の高さが、ソテツの利用度の高さと対称的なことがこれからわかる。このことは、多様に見える琉球列島の里の風景も、原理的な要素では共通していると言うことがいえそうだからだ。

それでは、もう一度、仲村渠を例にして、かつての里の風景を整理してみる。耕作地のほかに、里山セットの一端を担うウカファ山は肥料源であった。また、原野は燃料源と家畜の飼料源であった。沖縄島南部は山や森に恵まれていないため、肥料、飼料や薪の供給源を特定の区域に囲い込む必要があった。そのため里の中に、耕作地以外にウカファ山と原野という区分がはっきりしていたのであろう。一方、沖縄島北部は山や森に恵まれている。そのため、里の中に資源の供給源を厳密に囲い込む必要がなかった。奥においては、ウカファ山にかわるものは山野の雑木（さまざまな樹種が使用されていた：刈敷利用）

と畑の縁のソテツであり、燃料源は里近くの森に、飼料源は耕作地周囲の草地に求めることができた。

このように、クロヨナとソテツに注目することで、今はほとんど姿を消してしまった、かつての琉球列島の里の自然がある程度、整理して理解することができるようになってきたのである。

引用文献

安渓遊地編　二〇〇七『西表島の農耕文化——海上の道の発見』法政大学出版局
高橋栄一　一九九一『肥料の来た道帰る道』研成社
当山昌直・安渓遊地編　二〇〇九『聞き書き島の生活誌①野山がコンビニ——沖縄島のくらし』ボーダーインク
平尾子之吉　一九五六『日本植物成分総覧』第三巻、佐々木書店
目崎茂和　一九八〇「琉球列島におけるシマの地域的分類とその帯状分布」『琉球列島の地質学研究』第五巻
盛口満・安渓貴子編　二〇〇九『聞き書き・島の生活誌②ソテツは恩人——奄美のくらし』ボーダーインク
盛口満　二〇一一「植物利用から見た琉球列島の里の自然」安渓遊地ほか編『奄美沖縄環境史資料集成』南方新社
盛口満　二〇一二「座談会“奄美大島のソテツをめぐる文化について——薗博明さん、新元博文さん、中山清美さんのお話」沖縄大学地域研究所・盛口ゼミ『二〇一一年度　離島別シマおこし研究Ｉ報告書——環境教育によるシマおこし』
盛口満　二〇一三『琉球列島の里の自然とソテツ利用』沖縄大学地域研究所彙報第一〇号

◇コラム◇　横井庄一さんを生き延びさせたナンヨウソテツ

盛口　満

琉球列島に限らず、ソテツは食用として利用されてきた。ソテツの仲間を食用とする例は、アフリカやメキシコ、フロリダ、中米、西インド諸島、オーストラリアなどから知られている（Safford 2009）。北部オーストラリアには、メディアソテツが広く分布し、その実をアボリジニの人々が伝統的に食用として利用してきた。メディアソテツの実にも有毒成分（ソテツと同じ、サイカシン）が含まれるため、外皮を取り去ったのち、流水中に五日ほど放置し、毒が抜かれる（水に漬けられているうちに発酵もおこる）。こうして毒のぬかれたものはすりつぶされ、無発酵パンのような食品として食用とされる（松山ほか編　一九九二）。また、ミクロネシア・マリアナ諸島に属するグアム島においても、チャモロの人々が伝統的にナンヨウソテツの実を食用としてきた。ソテツの実はチャモロの人々にはファダン、スペイン系の人々からはフェデリコと呼ばれ、チャモロの人々にとっては重要な食糧源であった。実の皮を取り去ったのち、内部を細かく粉砕し、水中に数日つけられる。十分に水に浸されたものは取り出され、乾燥させ保存された。調理の際は、石版と円柱状の石を転がすことで製粉し、その粉を水とをまぜ、石版か鉄板で、トゥルティーヤのように焼かれ食された。ただし、グアムにおいては幹のデンプンを加工・調理することはなかった（Safford 2009）。

現在、観光地としてとみに有名なグアムは、先の第二次世界大戦において、日本軍が唯一占拠したアメリカの有人領土である。一九四一年、一二月八日、真珠湾攻撃から五時間後、日本軍はグアムへの攻撃を開始した。そして、二日後の一二月一〇日には、米領グアムの占領を宣言する。その後の戦況の変化に伴い、一九四四年七月二一日は、アメリカ軍のグアムへの上陸が始まり、守備をしていた日本軍との壮絶な戦闘が行われる。八月一一日、日本軍の司令部が島の北部で自害をし、グアムにおける日本軍の組織的な戦闘は終了した。しかし、その後もジャングルの中に潜んで散在したままの日本兵の個々の戦いは終了することはなかった（山口二〇〇七）。

グアムにおける組織的戦闘が修了して二八年後の一九七二年一月二四日になって、一人の日本兵がジャングルの中から「発見」されることになった。当時五六歳になっていた、横井庄一氏である。横井の「発見」は当時、大ニュースとなり、横井は時の人となった。しかし、横井がどのようにグアムのジャングルの中で生き延びたかは、あまり認識されているとは言い難い。じつは横井は、チャモロの人々が伝統的に利用していたナンヨウソテツの実を常食し、生き延びていたのである。

横井からの聞き書きの形をとる、「サバイバル書」（横井二〇一二）は、本文一七一頁の小冊子であるが、その中の一八か所にソテツに関しての記述が登場する。そのままずばり、「毒のあるソテツの実が主食だった」と題している節もある。この節に書かれている加工方法と調理方法について、以下に一部引用する。


「主食にしていたのは、フェデリコと呼ばれるソテツの実だ」

「ソテツの中の白い実を四つ割りにして、それを川の水に四日以上さらしておく。手で押さえてフニャフニャに柔らかくなっているのは毒が抜けているんだ」

「乾燥したソテツの実は（中略）石でこするようにして粉にする。このソテツの粉が主食だった」

「ソテツの実の粉は、水でこねてダンゴにして焼いて食べた」

「ダンゴを焼いたものを朝食に七つ、昼に五つ、そして夜再び七つ食べるのが、いつのころからかきまりのようになった」

この本の中では、単にナンヨウソテツの実は川の水にさらしただけという表現になっているが、横井の口述による別の本では、ナンヨウソテツの実の毒抜きについて「だいたい四日以上水にさらした後に、手で押さえてやわらかくなって曲るものは毒がぬけています（中略）。早いものは二日目位から水中の菌がついて実をとかしたり穴をあけたりするので（以下略）」というように、発酵も関係しているかのような表現もなされている（横井 一九七四）。

横井がナンヨウソテツの実に頼った生活を送っていたことは、横井の後述の本のほかの記述からも読み取れる。例えば横井はグアムの山の中で転々と隠れ家を変えているが、最後の住居となるタロフォフォ川近くの森で、竹の繁みのわきの居住地（地下住居）を選んだ条件について横井は「私がこの竹ヤブを選んだ理由は、第一に水場が近く（中略）、第三はヤシの実、パンの実、ソテツの実の同じ山の峰づたいにあり、一人で生活するには適していると思ったことからです」と述べている（横井 一九七四）。現在、彼の作った地住居は私有地となっているため立ち入りができないが、その近くに作られたレプリカの住居（穴）は、観光化されたサイトの一角にあり、見学することができる（図1）。また、その周囲には、ごく少数だが、ナンヨウソテツの姿もある（図2）。

しかし、ナンヨウソテツの実も、有毒である。現在、因果関係は否定されているが、グアムに見られる風土病の原因はナンヨウソテツの食習慣にあるのではないかという仮説が流布したこともある（サックス 一九九九）。むろん、チャモロの人々は、ナンヨウソテツの実を食するとき、毒抜き加工をおこなっていた。日本においても、奄美や沖縄の島々では、ソテツの実の毒抜き加工の伝統があった。しかし、横井の出身は岐阜であり、ソテツの実を伝統的に利用してきた地域の出身ではない。彼は口述の中でナンヨウソテツの実を食べる技法（川の中に漬ける）は、米軍に追われて逃げ惑っていた初期に、たまたま住民が逃げ去った現地の民家の庭先で水に漬けられたナンヨウソテツの実を見たことと、「幼少の頃どんぐりを水につけてあくを取る話を祖母に聞かされたことを思い出し」たことから思い至り、試行錯誤し、身に付けたと回想している。

　横井の例は、ソテツと私達人間には、実は長く深い関係があることを物語る、一つの、しかし大変に印象的な例であるということができるだろう。

引用文献

サックス、オリバー（大庭紀雄監訳）　一九九九『色のない島へ――脳神経外科医のミクロネシア探訪記』早川書房
松山利夫・山本紀夫編　一九九二『木の実の文化誌』朝日新聞社
山口誠　二〇〇七『グアムと日本人――戦争を埋め立てた楽園』岩波書店
横井庄一　一九七四『明日への道――全報告グアム島孤独の二八年』文藝春秋
横井庄一　二〇一二『BE―PAL二〇一二年一〇月号別冊付録――復刻版横井庄一のサバイバル極意書』小学館（注：本書は一九八四年刊の『横井庄一のサバイバル極意書もっと困れ！』の復刻版）
Safford. W. E. 2009 Useful Plants of Guam, Guam. pp. 416 (Original print 1905 Washington)

図１　横井庄一氏の住居レプリカ（グアム・タロフォフォ）

図２　グアムの森に自生するナンヨウソテツ（写真中央部分）

ソテツの「美」を愛でる

町　健次郎

群生を愛でる

ここでは人々がソテツにどのような「美」をみて愛でてきたのか、その奄美大島の場合について断章を綴っておこう。

奄美大島は、二〇一〇年の国勢調査では人口六万五七七〇人、有人八島から成り、奄美群島の総人口の五五・四％を占める。面積は八一二・六〇平方キロ、全島の八四・三％は森林及び原野である（鹿児島県大島支庁総務企画課二〇一五）。このように平地に乏しい地形であることから、人々は山の斜面も耕地として活用してきたが、ソテツはそのような場所にあっても、境界木や土留めの役割を果たす植物としても有用であった。

このようなソテツの景観に、奄美大島の人々が「美」をみていたことは、同島に伝わる伝承的歌謡――シマウタ（島唄）――の歌詞からも知ることができる。

①蘇鉄ぬきよらさや　古見金久の蘇鉄
　うれよりきよらさや　戸口や平松真浦やとしめ
（直訳）ソテツで美しいのは、古見金久のソテツ。それより美しいのは、戸口の平松、真浦の通し穴（文一九八三、一六三）

②いちぶさいまさしゅ　てまいぬきょらさ

うれよりもきょらさ　こがねくぬすとぅち
(直訳）伊津部済正主の　手舞いの見事さ
それよりも見事は　古見金久のソテツ　（恵原 一九八七）

この二つの歌詞は、藩政時代、伊津部とよばれる地区で与人（よひと）という島役人の職に就いていた政済正という人物が、古見という地区にソテツを植栽させたことにちなむものである（恵原 一九八七）。現在、奄美市名瀬小湊の海岸近くの平地に、境界木として整然と並んでいるソテツ景観こそ、この「古見金久の蘇鉄」と唄われたものと目される（図1）。

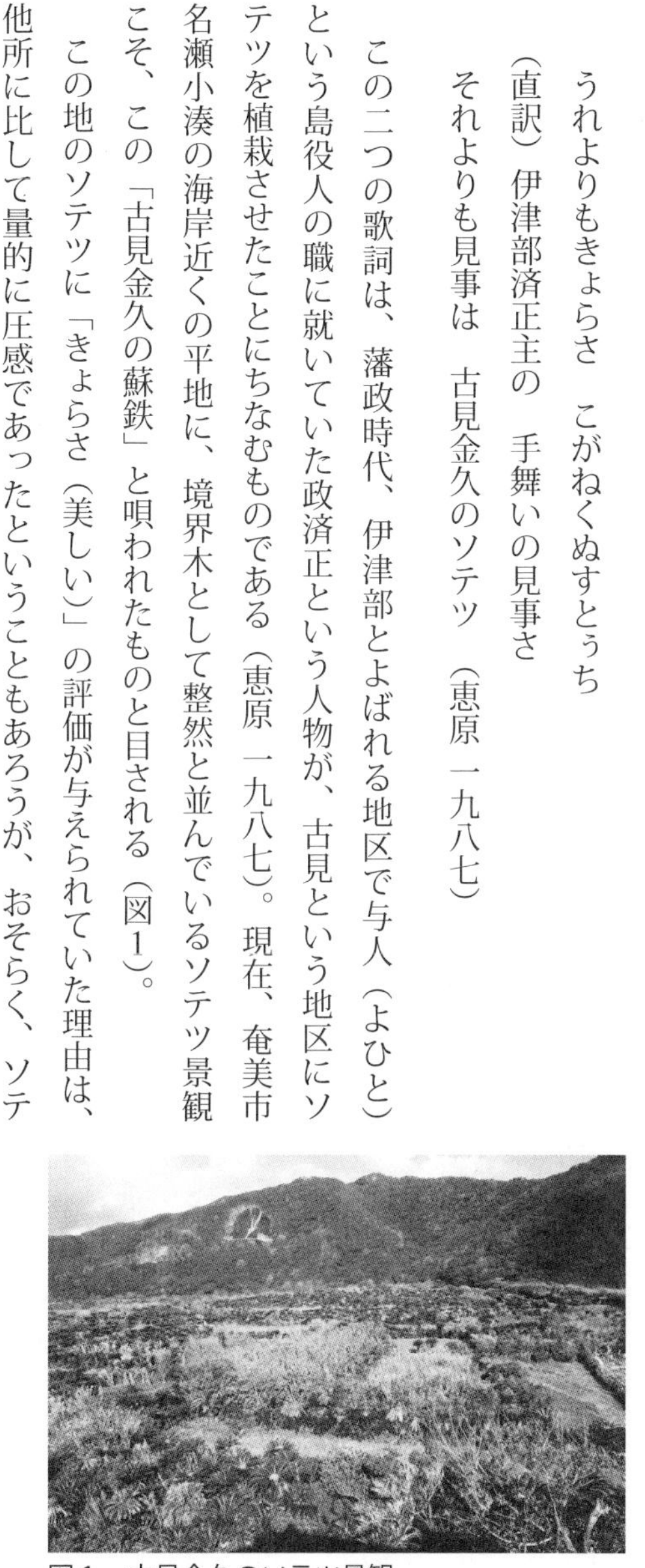

図1．古見金久のソテツ景観

この地のソテツに「きょらさ（美しい）」の評価が与えられていた理由は、他所に比して量的に圧感であったということもあろうが、おそらく、ソテツの群生の多くが山の斜面や崖地にあったのに対し、この古見地区が、島のなかでは比較的に広い平地で広範囲に広がっていたことの珍しさがあってのものだろう。また、これらの歌は近世から、島の人々がソテツの群生する景観を愛でる感性を持ち合わせていたことを語っているといえる。

では、人々がソテツの群生を愛でるとき、どのような姿に惹かれていくのだろうか。昭和八年、奄美大島の旧三方村出身の映山信は「蘇鉄と人生」という書き物で、その魅力を次のように語っている（映山 一九三三）。

蘇鉄は別に美しき花も咲かなければ香りもいい事はない。葉も茎も別して美しいとは思はない。他の草花に比してはむしろ華美といふよりは質実剛健其のものの感じがする。然るにもかかはらずお寺や神社の庭にもふさわしく役所の玄関にも似合ふし鉢植にしてカフェーの入口に置いても捨て難い味が有る。そして何時如何なる場所に於ても別に美しいとは思はないけど眺めて居てもあきが来ない。そして四囲の状態とぴったり調和する点が非常にいい感じである。

この意見はソテツの鑑賞のポイントをよく代弁している。ソテツの美は「質実剛健其のもの」であって、色鮮やかに艶やかな「華美」かどうかの次元にはないと思われる。日本では四季の移ろいとともに桜の花見や紅葉の行楽で、一斉に染まる桃色や、緑や黄から橙や赤へとグラデーションに人々は惹かれ、その「華美」を楽しむ。しかし、ソテツはそのような色が愛でられているわけではない。

では、ソテツの印象をどのように語ることができるだろうか。そこへ一歩すすめるために、現在の奄美大島の周囲を見渡してみよう。個々人の意見も様々だろうが、ソテツの群生を鑑賞するのによいと思われる場所があちこちにある。たとえば、龍郷町安脚場の山手。ここはかつてソテツが食糧として利用されていた頃の景観がよく残されている。土留めの境界木として植栽されたものというより、ソテツを単独主体とした山の斜面利用がなされていた点で他所を圧倒するものがある。集落沿道から見るのもよいが、その後ろを通る道路から見下ろすと密生の具合がよくわかる（図2）。そして、集落から離れた海岸の崖地や離れ岩にもソテツは群生している。奄美市有良（ありら）の海沿いの道からみえるものなどは、人を和ませる青い海をバックに、離れ岩の厳しい環境に生えており、まるで自然

図2．龍郷町安脚場のソテツ景観

の盆栽である（図３）。奄美大島南部の西古見集落の入口辺りにも見る者に緊張感を与えるポイントがある。島全体がソテツに覆われている群生の感がするのは、奄美大島の南にある加計呂麻島から、さらに南に位置する与路島である。ここはソテツの実を出荷している農家があることから、群生の間をぬって運搬用のトロッコのレールが敷かれている（図４）。

このような群生は、人が歩くには厳しい急峻な場所にもみられることから、それは太古からの原初的な自然景観だといえる。また、人々がソテツを食文化に取り込んできたがゆえの、人為的植栽による文化的景観でもある。

ソテツの群生を〈遠くから愛でる〉という鑑賞方法によって得られる「美」とは、おそらく、こうした二つの混在する景観から醸し出されてくるものなのだろう。ソテツの群生を目の前にして、原初的な自然景観がもたらす〈厳しさ〉や〈緊張感〉、そして土地に生きる人々が培ってきた文化的景観がもたらす〈たくましさ〉の印象を受け取るとき、人々は立ち止まってそれを愛でるのではないだろうか。

モチーフを愛でる

（１）着物の図柄――伝統工芸品・大島紬

奄美大島の伝統工芸品として知られる大島紬は、絣糸を作って模様を構成

図３．有良のソテツ景観

図４．与路島のソテツ景観

する先染絹織物で、一八世紀初頭には存在していた。

大島紬の図柄でソテツをモチーフとしたものは、まだその種類が少なかった明治一〇年代初め頃から、「ウニ」や「星」など、自然から写し取った幾何学模様とともにあったようである（重村 二〇〇七）。ソテツの図柄が持つ特徴については、龍郷町嘉渡の川口家に残されていた、明治期〜大正二、三年頃の柄帳を分析した文田哲雄のコメントが参考になる。

文田によれば、当時の文様は大きく分類して、人工形態と自然形態から成っており、主要なものは前者では「勲章」、「アダン葉で作った風車」、「絨毬」があり、後者のものでは「魚の目」、「花」、「山道」、「川（水）」、「ソテツ」があるという。なかでもソテツのモチーフは、葉の形態から発想された図柄であるが、それは主題的文様というより、他の柄を引き立て、空間を埋める補助的な役割を担っていると指摘している（図5）（文田 一九八六）。

図5．大島紬にみるソテツの図柄

現在、伝統工芸品として伝わっている大島紬の図柄の量的・質的な発達の大部分は、大正一〇年頃から昭和初めにかけてのもので、図柄総数については、大正一二年段階で一二六の銘柄登録があったという（金原 一九八五）。しかし、その図柄の名称目録には「ソテツ」の名を冠したものは一例も見当たらない。それはソテツをモチーフとした図柄があっても、古典的に各図柄の間を埋める幾何学模様として採用されてきたため、名を冠する主体モチーフにならなかったということなのだろうか。

そもそも大島紬にみられる図柄のデザインを生み出す発想は、島人の自然への眼差しにあった。大島紬にみる、図柄と図柄の隙間を埋めてソテツを配置する感性は、まるで奄美大島の人々が、自然との生をつなぐ営みのなかで、山と里、あるいは海と山の隙間を埋めるようにソテツを植栽してきたことに、不思議と重なっているようでもある。

（2）描かれたソテツ――画家・田中一村

おそらく、ソテツを描いた画家を一人あげよと問われたならば、田中一村（一九〇八―一九七七）の名が上がってくることだろう。彼は、幼き頃より神童と呼ばれるほどの画才がありながら、結果的に中央画壇と決別して奄美大島に居を移す。そこで自らが納得する「美」を追求し続け、本土とは異なる南国の動植物などの画題を丹念に観察することを通して、色彩鮮やかな画境を切り拓いていった。

田中一村が奄美大島に居を定めてやってきたのは、昭和三三年一二月、五〇歳のときである。一村を乗せた船が名瀬港に入港したとき、真っ先に出迎えた植物モチーフがソテツであった。一村はそのときの印象を、「大島は朝焼けの空に黒々と見え、断崖には白波が洗ひ、山一面に黒い点々がありましたのはそれは蘇鉄でした」と手紙の中に書き綴っている。一村はそれ以前にソテツを描いたことはあったが、それは枯れかけの感もあるような老木か盆栽の鉢物と思しきソテツが描かれている。(注1) 朝焼けのなかで一村を歓迎した南国のソテツはそれとはまるで違って、たくましい旺盛な生命力をみせたに違いない。

一村が島にやってきた当時、まだ沖縄が日本復帰しておらず、奄美群島は最南端の島々であった。一村は居を定めたかと思うとすぐに、奄美群島各地を歩く旅にも出かけており、その当時描いた色紙にもソテツが捉えられている。(注2) 与論島の旅では、夜の零時半、人家もない浜にハシケから上陸し、そこから宿まで「蘇鉄の茂る道を月影を踏んで」歩き、その滞在三日目には「蘇鉄の葉蔭には鶯囀る冬がないところです」と手紙につづった（大矢二〇〇四）。このような「蘇鉄」、「鶯」という言葉の同居は、後のスケッチブックの余白に「鶯も　ソテツを侶とす　奄美島」という句の書きこみとしても認められる。この句については、比嘉加津夫が次のように解釈している。「鶯は、ある意味で一村自身だ。以前の自分は梅の花や桃の花を懸命に求めていたが、今この島ではソテツに向かっているのだということを言い切っている。鶯の心が躍っているように、一村の心が躍っている」、と（比嘉 一九八九）。では、もう一方の「蘇鉄」は何を意味するのだろうか。そもそも一村が惹かれた奄美の自然モチーフとは、「梅の花や桃の花」に象徴された花鳥風月につながる雅の世界ではなく、「物の始まり、物の本質に迫っていく、荒々しい、それでいて静謐で奥行のある原初」の自然であったから（比嘉 一九八九）、一村にとってソテツはそれを体現した、奄美の地の象徴を託するに相応しいモチーフであったとみたい。

一村は奄美大島での暮らしの中で多くの植物を描いた。大矢鞆音による「奄美の杜」シリーズの検証では、描かれた植物が三五種認められ、内、最も描かれた回数が多いのはビロウ樹（六作品）で、それに続くのがソテツだという。[注1]これら「奄美の杜」シリーズにみるソテツの現れ方にひとつの傾向を見出すとすれば、ビロウ樹とソテツが一、二位を競う頻度の高さであったにもかかわらず、この二つのモチーフが同居する絵が見当たらない点である。一村が描く奄美の自然は、縦長の垂直的構図でとらえられたものが少なくないことから単純に考えれば、ビロウ樹が描かれている作品にみる植生の切り取り位置は高めに、そしてソテツが描かれている場合は人間の目線より低めの位置で自然を捉えていたという見方もできよう。

一村がソテツのみを主題化して描いた大作がある。それが「蘇鐵残照図」である（図6）。この作品は昭和四九年、生活資金の乏しさのなかで知人へ紹介した目録のなかに「私の精魂の限りを尽したものです」と、

図6．「蘇鐵残照図」田中一村画（田中一村記念美術館蔵）©2014 Hiroshi Niiyama

自身の言葉を添えていた（大矢二〇〇四）。おそらく、この言葉に偽りはないだろう。一村がソテツの写生にも精魂を尽くして観察を行っていたことは、写生の補助に撮られた写真群からも十分に伝わってくる。現存する写真は、三冊のアルバムに綴じられた一〇〇カットの写真と、姉・貴美子を写した四枚、二〇〇一年に発見されたフィルム五六枚がある（志賀二〇一二）。ソテツのカットは、この五六枚中、二一枚もある。そのソテツの写真は、雄花についてはわずか、二重露光で雌花と重ねたものを含めて二点しかないが、残りはすべて雌花を捉えたもので、その成長を定点観察していた様子がわかる。こうした被写体にみるカットの偏重傾向もまた、ソテツの「美」に魅かれた一村の、並々ならぬ執着と興味関心を今に伝えている。

幹ぶりを愛でる

藩政期の奄美大島の様子を伝える『南島雑話』の記録には「鉢植蘇鉄之事」の項がある。要約すると次のように記されている――奄美大島には小さな鉢植えの枝振りがよいソテツがある。斜面の畑で崖崩れなどによってソテツが埋まり、それが数年地中に埋まったまま株を出す。それが土中から掘り出されて見つかるときは、生育環境が悪いために大きくはなっていない。それを取っててていねいに植え換えておけば、小さな葉が出てきて優れた盆栽になる。よく生育しているソテツを刈り倒し、根の方を長い間地中に埋めておいても鉢植えによいソテツができるという人もいる――、と。また「蘇鉄」の項では――琉球の久米島産の「久米蘇鉄」という一種がある（本書「『蘇鉄かぶ』のこと」参照）。大島にも多く、土が肥えているところのものは、幹のうろこが大きく、成長して丈が伸びた後は、普通のソテツと同じように植えるとよい――、とある（名越一九八四b、一九八四a）。

これらは近世期の奄美で、ソテツの「美」が盆栽鑑賞の対象であったことを物語っている。盆栽のソテツは、現在の奄美大島でも愛好家の間で人気があり、大きく「ハナソテツ」と「シシソテツ」の二つのジャンルがある。

まず、ハナソテツとは先の『南島雑話』にも出ていたタイプで（本書「ソテツかぶのこと」の図1参照）、幹の直径がおよそ二、三センチ程度の、小さく細い矮性のソテツである（図7）。通常の食料の対象としてきたソテツの雰囲気と比較すると、たしかにその名のとおりハナ（花）のようでもある。この趣味に通じた人々の間では見分けがつくそうであるが、なかでも特定の産地名を冠した「クバソテツ」とよばれるものが逸品であるという。それは特に、葉の出方が短いこと、針金で補正しなくても自

図7．ハナソテツ

図8．献上されたハナソテツ

然によい曲がりを持っていること、幹を覆う鱗の目の粗さが程よいこと、などが評価されているという。そのモデルともいうべきものを見るなら、天皇に献上されたものが参考となるだろう。昭和二年、奄美大島に昭和天皇が行幸した。その際に献上された品々のなかにも「ハナソテツ」は含まれていた。幹の鱗の出具合、枝振り、葉ぶりにおいて最もよいと評価されてきたものが選ばれたと目される（図８）。

そして、シシソテツの方であるが、これは同じ鉢植えでも幹が石化した状態のもので、形状はずんぐりむっくりしている（図９）。島の方言で「ガブ」と呼ぶコブ状の隆起が多いもの、あるいは先端の形状が帯状で平たいタイプ、同じ鉢植えでも手軽に運べるぐらいの小さいものが高く評価されているという。一一、一二月頃に葉を刈り落とし、四月頃に葉が出てきたあたりが最も鑑賞によいとされる。シシソテツは人工的に庭で作ることができるようなものではなく、ハナソテツ同様に山中から採取される。山中から根ごと掘り出して自宅に持ち帰る場合もあるほか、切り倒した幹を根付かせる方法も取られている。その場合、盆栽を趣味としている人々のそれぞれの独自のこだわりがあるようだが、基本的に知られている方法は、平たい石を敷いたうえに乗せるようにして植えると根付くというものである。ただその場合、幹の根づかせる部分を焼いてから置くとよいという意見もある。

愛好家の間で、この「シシ」という表現をコブ状のガブの丸さ、荒々しさが野生動物のイノシシと似ていることからきていると理解している方もおられるが、樹木医の前田芳之氏によれば、園芸の世界ではソテツに限らず、植物が石化した状態をさして「シシ」と呼んでいるというから、その

図９．シシソテツ

名前の由来を明らかにすることはなかなか難しい。ちなみに、奄美大島南部の瀬戸内町阿木名では、かなり高齢な方々は、シシソテツとはいわずに「ウバソテツ」と呼び、屋敷地内に持ち込むことを嫌がっていたという。この「ウバ」とは、奄美大島の山中にいたとされる妖怪の「ウバ（姥）」からきたものと推測される。おそらく変形したソテツと妖怪を重ねみたことで、不吉なものという価値観で見ていたのだろう。鑑賞の対象としてのシシソテツは、先の近世史料にハナソテツが見えていることに対して記述がないことからしても、シシソテツを愛でる価値観は比較的後からのものかも知れない。なお、沖縄ではこのタイプを猫（方言名マヤー）の手に似ているとみて「マヤーソテツ」と呼び、やはり盆栽鑑賞の対象になっているようである。

ソテツは、たとえデンプン採取に向かない発育不良であっても、そこには、幹ぶりの「美」を捉えようとする価値観もあったのである。ひとまず、ソテツという植物には価値なき形状はなし、と言えそうである。

注1　図録『田中一村――新たなる全貌』から示せば、①図録番号一四　大正一四（一九二五）年八月「蘇鉄図」、図録番号一五　大正一五（一九二六）年四月「蘇鉄と躑躅」の二点。

注2　図録『田中一村――新たなる全貌』中、図録番号一六八「与論島初冬」、図録番号一七二「海辺の道」、図録番号一八七昭和三六（一九六一）年一月「奄美の海に蘇鉄とアダン」の三点。

注3　「奄美の杜」シリーズ一一点と、それに類する「ユリと岩上のアカヒゲ」「アダンの木」「ダチュラとアカショウビン」「ソテツ残照」「花と鳥」の五点、計一六点（大矢、二〇〇四、二一一、二一四）。なお、大矢が検証したソテツが描かれた作品群の表題は、『田中一村作品集』（NHK出版）から示せば、一「奄美の杜④――草花と蝶」、二「奄美の杜⑥――クワズイモとソテツ」、三「奄美の杜⑪――ソテツとアダン」、四「ソテツ残照」の四点である。

引用文献

ＮＨＫ出版編　二〇〇一『田中一村作品集〔新版〕』日本放送出版協会
恵原義盛　一九八七『奄美の島唄――定形琉歌集』海風社
大矢鞆音　二〇〇四『田中一村――豊穣の奄美』日本放送出版協会
鹿児島県大島支庁総務企画課　二〇一五『平成二四年度・奄美群島の概況』鹿児島県大島支庁
鹿児島県大島紬技術指導センター　二〇〇五「大島紬の技法と技術」『織の海道――奄美・鹿児島・久留米編』『織の海道』実行委員会
鹿児島県　一九二七『奄美大島御行幸記念写真帳』鹿児島県
文潮光　一九八三『奄美大島民謡大観――復刻版』南島文化研究社
加藤邦彦　一九九七『田中一村の彼方へ』三一書房
金原達夫　一九八五『大島紬織物業の研究』多賀出版
志賀真知子　二〇一二「田中一村の写真」『田中一村の眼奄美大島民謡大観写真が語る一村像』とちぎ蔵の街美術館
重村斗志乃利　二〇〇七『大島紬誕生秘史』南方新社
千葉市美術館・鹿児島市立美術館・田中一村記念美術館　二〇一〇『田中一村――新たなる全貌』千葉市美術館・鹿児島市立美術館・田中一村記念美術館
名越左源太　國分直一・恵良宏　校注　一九八四ａ『南島雑話１』平凡社
名越左源太　國分直一・恵良宏　校注　一九八四ｂ『南島雑話２』平凡社
映山信　一九三三「蘇鉄と人生」『日本大観　南嶋　新年号　第一三七号』日本大観社
比嘉加津夫　一九八九『逆光の画家田中一村』脈発行所
文田哲雄　一九八六「大島紬のデザイン」『大島紬の研究――経済・科学・デザイン』鹿児島短期大学地域研究所叢書
湯原かの子　二〇〇一『絵のなかの魂――評伝・田中一村』新潮社

ソテツ文化の継承——もうひとつの未来へ

安渓貴子・盛口　満

二〇一四年夏、安渓貴子は沖縄国際大学で地元である沖縄島出身の大学生たちにソテツをめぐる島々の文化について語る機会があった。学生の反応に「ソテツは葉っぱで虫かごを作るものとばかり思っていました」というものがあって驚いた。わずか数十年で、いくさの中で人びとを生き延びさせた救荒食料の重要性も、ソテツを常食とした奄美の人びとの暮らしも忘れられようとしているのである。これは、「昔は野山がコンビニ」だったと表現して、やっと若者たちに野山の環境の大切さを伝えることができた盛口満の経験とも重なるものがある（当山・安渓編 二〇〇九）。身の回りの自然とのつきあい方や、生活を豊かにしてきた文化的伝承がいま丸ごと失われようとしているのだ。

どのような方法で、ソテツのようなユニークな植物との多彩な関係の歴史や文化を共有し、グローバル化の中で画一化され、安全性や倫理性が保証されないジャンクフードや価格破壊の商品に囲まれた未来ではない、「もうひとつの未来」を描くことができるのだろうか。

奄美と沖縄、沖縄のなかでも歴史は違う

まずは、「里の自然とソテツ利用」で述べたように高い島と低い島、その複合した島、サンゴ礁の発達する島とそうでない島といった、島ごとの立地に大きな違いがあることを踏まえる必要がある。島ごとの自給が原則であった時代には、このような立地の違いは、主食の種類や凶作の場合の対応、他の島と交易する品目

などに直接的な違いをもたらした（安渓二〇一一）。そして緑肥利用で見たように、歴史によっても大きく影響をうけてきた。

ニューギニアから台湾を経て琉球列島、そして日本列島にいたるまで、東アジアでは隣の島が見える距離に島々がつらなっている。唯一、久米島と宮古島の間だけ二二〇キロあって、隣の島が見えないギャップがある。考古学遺跡からも南部琉球では、沖縄島以北とはかなり異なる生活が営まれていたことがわかっている。

やがて一六世紀になると、琉球王朝の支配が八重山や奄美にも及ぶようになり、すぐれた作物とその品種および栽培法などが、首里王府から島々に普及されて、島ごとの差は小さくなる傾向を見せたと考えられる。しかし、人頭税を同じように課された宮古・八重山の島々で、宮古では粟が、八重山のほとんどの島では米が上納品とされた。貢納システムそのものを、立地の違いとそれに適した生産物にあわせていたのである。

一六〇九年の薩摩藩による琉球王国の征服は、それまでの琉球国内の生活を激変させた。

それまでのように東アジアと東南アジアをむすぶ国際貿易で巨大な利益をあげることはできず、中国との朝貢貿易の利益を残すために、形だけの独立国とされた琉球王国と、薩摩の直轄支配地とされた奄美に分けられ、それぞれの生活や文化も以前とは変わり始めたのだった。

中国と薩摩の両方に服属しながら、一定の自治を認められた琉球王国では、それぞれの島の特色を生かして税を課し、かつ住民の生活が持続的におこなわれるようにさまざまな施策をおこなった。新たな開発をさかんに行わせ、緊縮策をもって琉球王国の財政を立て直した羽地朝秀（一六六六～一六七三国王の摂政）、羽地の指導した開発による環境破壊からの回復のため、林業や土壌保全を重視する農政を展開した蔡温（一七一一年に国師となり一七六二年の死去まで大きな影響力をもった）の働きは大きかった。

蔡温の施策の成功例のひとつがソテツの普及であったことは先に述べた。毒抜き法を知る農民からの実にていねいな聞き取りをおこなって、徹底的にソテツの有毒成分を除去する方法を普及している。

しかしまた、僻遠の地であった八重山では、失政もあった。見かけ上豊かな山野がある西表島や石垣島北部への移民を強制したことで、風土病のマラリアによって多くの人命が失われる結果を招いたのであった。

直轄地奄美では、薩摩藩は財政立て直しに利潤が大きい砂糖に目をつけ、一八世紀中ごろから、稲作を禁止し、サトウキビ栽培を強制して税とし、黒糖中心の経済政策に転換していった。米や生活に必要な物資は薩摩藩から不当な高値で交換させる施策をとった。この結果、土地から切り離され、生涯を農奴として働くことを強いられた多数のヤンチュを生み出した。

薩摩藩のとった過酷な黒糖政策のもと、ソテツで飢えをしのぎ、ソテツが日常食となった奄美の人々は、きびしい生活のなかでソテツとのかかわりを、日常的な努力の蓄積でひとつの文化へと高めていったのである。それが「暮らしの中のソテツ」でのべた幕末の「南島雑話」に描かれた世界である。

なお、「三つの毒抜き法」で見たように奄美でも、政治の中心地名瀬ではソテツの毒抜き法が蔡温の広めた方法そのものであったことから、琉球王国内で好成績をあげた施策を薩摩藩は奄美でも広めたのではないか、とも考えられる。

明治に入っても格差は続いた

明治一三（一八八〇）年、ドイツ人の生物学者ドゥーダーラインが船で名瀬に上陸し、八月一五日から一六日間奄美大島を旅した。加計呂麻島を訪問中に台風で閉じ込められ、身をよせていた医者の家で通訳を介して自然のこと、生活のこと、さまざまな話を聞き、記録に残した（クライナーら 一九九二）。ドゥーダーラインは、ペリーの指揮する東アジア遠征隊の記録した沖縄の様子と、自分が見た奄美を比較して、次のように述べている。「大島にはいわゆる贅沢品はほとんど見当たらない。大島の人は自己生産できそうな生活必需品が生産できなくて、輸入しなければならない。塩・木綿・焼き物・アルコール類である。……大島の住民はほとんど農業だけをやっている。他の職業、漁業、畜産業、商業、工業はほとんど見られない。……船も小舟だけである」。薩摩藩の政策の違いの結果がここに見える。

しかし一方でドゥーダラインは言う、「恐ろしい台風を別にしたらこれほど豊かな気候は考えられない。各畑はこの恵まれた環境を証明している」と。さらに彼は、学者の目で奄美のソテツ利用を実地に見て、その重要性をしっかりと書きとめている。「大島では、蘇鉄は現在どこでも、けわしい日当りのよい山の斜面に、海抜二〇〇メートル位まで、規則正しく列状に植えられている。成長が遅いからあまり食用植物にはむかない、にもかかわらず、大島ではよく育てられている。最も険しい崖も利用できる唯一の植物であるから重要である。どんな季節でも（澱粉が）取れて手入れがいらない。それで年々の食料が貯まっていくので、飢饉の時の重要なパン蔵である。四五度の斜面でもよく育ち、斜面の土留めになっている。この澱粉で良質でない焼酎も造られていた。」

明治時代を迎えて明治一二（一八七二）年の廃藩置県後の沖縄は、人口の七割までが農民で、耕地を米から換金作物のサトウキビ栽培に変え、砂糖を売って生活する農家がふえていった。こうしたなか世界恐慌がおこり砂糖の価格が暴落したことで、経済破綻が襲った。その結果、「調理をあやまればいのちをもうばうソテツの実や幹を常食しなければならないソテツ地獄」がおきた（新城二〇〇一）。

奄美も黒糖中心の産業であったので世界恐慌による砂糖価格の暴落で同じように経済破綻がおきた。しかし、奄美の島びとたちは、ソテツを日常食として食べ慣れてきたため「ソテツは恩人」として、生き延びることができたのだった。

日本食生活全集の「鹿児島県」には、昭和の初め頃の奄美の加計呂麻島の食生活が写真入りで具体的に記されている。ソテツが四季を通じて日常食であったこと、工夫をして変化をもたせた食生活をしていたことがわかる（岡正ら一九八九）。こうして戦後まで奄美は江戸時代に培われたソテツ文化を持続してきた。

第二章の「空中写真から復元するソテツ利用」でのべたように、一九四五年七月に米軍によって撮影された奄美大島の根瀬部集落の空中写真は、生活のなかでのソテツの位置や確実な生産量を写し出している。

伝承と体験の重要性——戦争を越えて

奄美・沖縄は、ともに第二次世界大戦後、日本から切り離されアメリカの施政権下に置かれた。なかでも沖縄島は大戦中、地上戦の舞台となり、地形も変わるほどの焦土と化した地域も多かった。疎開先の辺野古でソテツの実を探し集めて食べた体験談を伊江島で聞いた（蛯原・安渓編二〇一一）。

占領下一九四七年までは居住の自由がなく食料も絶対的に不足ぎみで、生き残って帰国してきた人々も加わり人口が急激にふえた。こうして戦後にふたたびソテツを食べる時代を迎えた。季節を問わず澱粉が手に入るので、ソテツの幹を伐りたおして食べることもあった。その後植えつぐということをしなかった沖縄の多くの島々からはソテツは姿を消していったという（盛口二〇一三）。どの地域も見よう見まねでソテツの澱粉を食べた人々がいた。そんななかで確実な伝承者がいれば死ぬようなことはなかったし、食べ方の工夫もできたのであった。

しかし、確実な毒の抜き方を習得しておく必要がある。日本兵が毒抜きの方法を知らずにソテツの実を食べて死んだ話を竹富島や座間味島で聞いた。

本書の第二章「近代沖縄の新聞にみるソテツをめぐる事件」にある宮古郡平良、国頭郡羽地や名護の中毒の記事を読むと、食べてから数時間ないし半日くらい後に苦しみ始めて死に至る。つまり、食べるときには毒が残っていてもわからないのである。

奄美での体験を紹介しよう。奄美の加計呂麻島で朝食にソテツのおかゆが出た。遠縁の叔父が料理してくれたものだ。八〇歳をこえる叔父に「ソテツの毒抜き法を教えて欲しい、やってみたい」というと、「去年ならよかったのに。とても大変だから今年はもうやめた」という返事が返ってきた。それでもやりたいというと、三週間ここにいないと無理だと断られた。いとこたちもその叔父から教わっているのだが、幹を採ってきてから切片にする難しさ、発酵の期間は毎日気が抜けないこと、乾燥の時期に雨に遭うとたちまち失敗することなど、難しさが伝わってきた。そして「父が毒抜きをしたソテツのだんごが、父が亡くなってからでてきた。もう五年以上も前の話。でも悪くなっていないから」といってソテツだんごを持ってきてくれて、その澱粉でおかゆをつくって食べさせてもらった。ソテツの幹の澱粉であった。

その後、粟国島で民宿のご夫妻に幹からのソテツの毒抜き法を畑で採取するところから実地に教わった。聞いただけではわからない行程や技があった。やることで疑問が解けてきた。しかし実地で全行程を教わる時間はなく、発酵の途中で粟国島から竹富島へ移動した。竹富島ではソテツの毒抜きをやったことがある人には出会えず、粟国島の師匠に聞いたとおりにやったつもりでも、生えてきたカビの種類に不安があった。ほこほこ折れるようにはならなかった。結局澱粉を水さらしして食べるところまでは行きつけなかった。師匠の確認なしに食べることが恐ろしいと思った。しっかりした指導が必要である。

命の風景——もうひとつの未来へ

コラムで紹介したように、横井庄一さんはグアム島での二八年間の逃亡生活をナンヨウソテツを主食にして生き延びた。日本に帰国してから横井さんは「まず野菜を作ることにしたんだ」という。その理由のさいごに「いつも近くに食べる物が風に吹かれていたりするのはいいもんだよ」と語った。彼の思いはこの一言につきている。そしてこの一言に、奄美の人々がソテツにおいた「重み」を重ねてみることもできよう。

かつて、多くの島々で人々は自給自足と助け合いを主体とする生活を送っていた。そうした時代においては、生活の素材が人々の目に見えるところに目に見える形で存在していた。奄美そして沖縄の多くの島々では、ソテツは食糧であり、肥料源であり、燃料でもあった。万一飢饉ともなれば、ソテツの幹を切り倒し、そこに含まれるデンプンを毒抜きすることで食糧が確保された。

ソテツがゆたかに生育している里の風景は、そこに暮らす人々にとって暮らしを保障してくれる安心感をもたらすもの、一言で言えば、いざという時にも飢えることはないという「命の風景」ではなかっただろうか。

さらに横井庄一さんは言う。「あたしは帰ってきて、スーパーなんかの食料品の山などを見るようになって、まあホッとするような気持ちも当然あったが、それよりも、こんなことがいつまでも続くはずはないという気持ちのほうが強かった」（横井二〇一二）。その思いが、彼を野菜作りに向かわせたのだ。

私たちの多くは今、「命の風景」から遠ざかり、そのことにさしたる不安感も覚えずに暮らしている。それは、これまでの人々の長い暮らしの歴史の中では極めて異例のことであるということを再認識したい。その異例なことが「いつまでも」つづくという保証はどこにもない。いざ何か大きな変動が起こったとき、私達はなにに頼るべきであろうか。

二〇〇六年からの奄美沖縄の旅では、沖縄の島々でソテツは新聞報道や一般に言われているような「地獄」ではなく「恩人であったよ」とおっしゃる方々にしばしば出会った。伊江島、慶良間諸島の座間味島などである。そして今もソテツを産品にしている粟国島でも。また、この本の著者のひとりである久米島出身の上江洲均も早くからそう主張してきた（上江洲一九八二）。

「かろうじて命をつなぐもの」から、工夫しだいではそれを食文化に高めることができる。奄美の島びとたちの経験がそれを示している。春に雌花に花粉をつけてやると秋には赤い実がびっしりとつく。実は干しておけば長期間保存できる。食べるときに毒を抜けばよい。ソテツ畑が食物蔵、冷蔵庫と言える。ドゥーダーラインの言う「パン蔵」である。

碧い海を背に濃い緑のソテツの群生、夏・秋ともなれば赤い実が緑の葉のなかで熟れてくる。その光景をうたった歌が奄美にはいくつもあった。有毒であるけれど、毒の抜き方をたしかに知ってさえいれば「おいしい澱粉」「おいしい味噌」が食べられる。

「潮風にあたるところにある小さい幹のソテツ澱粉はおいしいよ。」と座間味島でも粟国島でも、加計呂麻島でも言う。きちんと毒抜きされたソテツ澱粉はさらさらしてのどごしがいい。米にソテツ澱粉がはいったお粥は口あたりがよく、病人にも食べやすい。

育つのはゆっくりだけど、他の植物が育たない痩せ地や急斜面、岩場でもよく育つから、そんなソテツの「適地」に植えればいい。ゆっくり育つのをみまもりたい。

沖縄島の道路を車で走っていると、中央分離帯の植え込みにしかソテツは見えない。しかし車を止めて海に面した崖をのぞきこむと、今もひょろひょろとソテツが生きている。昔の人が植えたものにちがいない。藪のようになった畑の境界や集落の背後の崖でも見ることができる。

奄美には木々に覆われた道沿いの藪を払い、手入れしてソテツの群生をよみがえらせている地域がある（図1）。ソテツ畑をあらたに作っている所もある（図2）。しかし、その一方で過疎化がすすむ集落のまわりは木々がソテツを覆いつつある。

ソテツの活用を地域活動のテーマにして知恵と知識を伝えるのはどうだろうか。若者は意外におもしろい発想をする。赤い実をテーマにしてもいい。澱粉をケーキの材料にしたおいしそうな写真がインターネットに載っている。

地域における税金の使い道を考え直す時ではないだろうか。「命の風景」を自分の暮らしによみがえらせる時は、今しかない。このまま藪の日陰で消えるにまかせるのか、それとも藪をはらって生き返

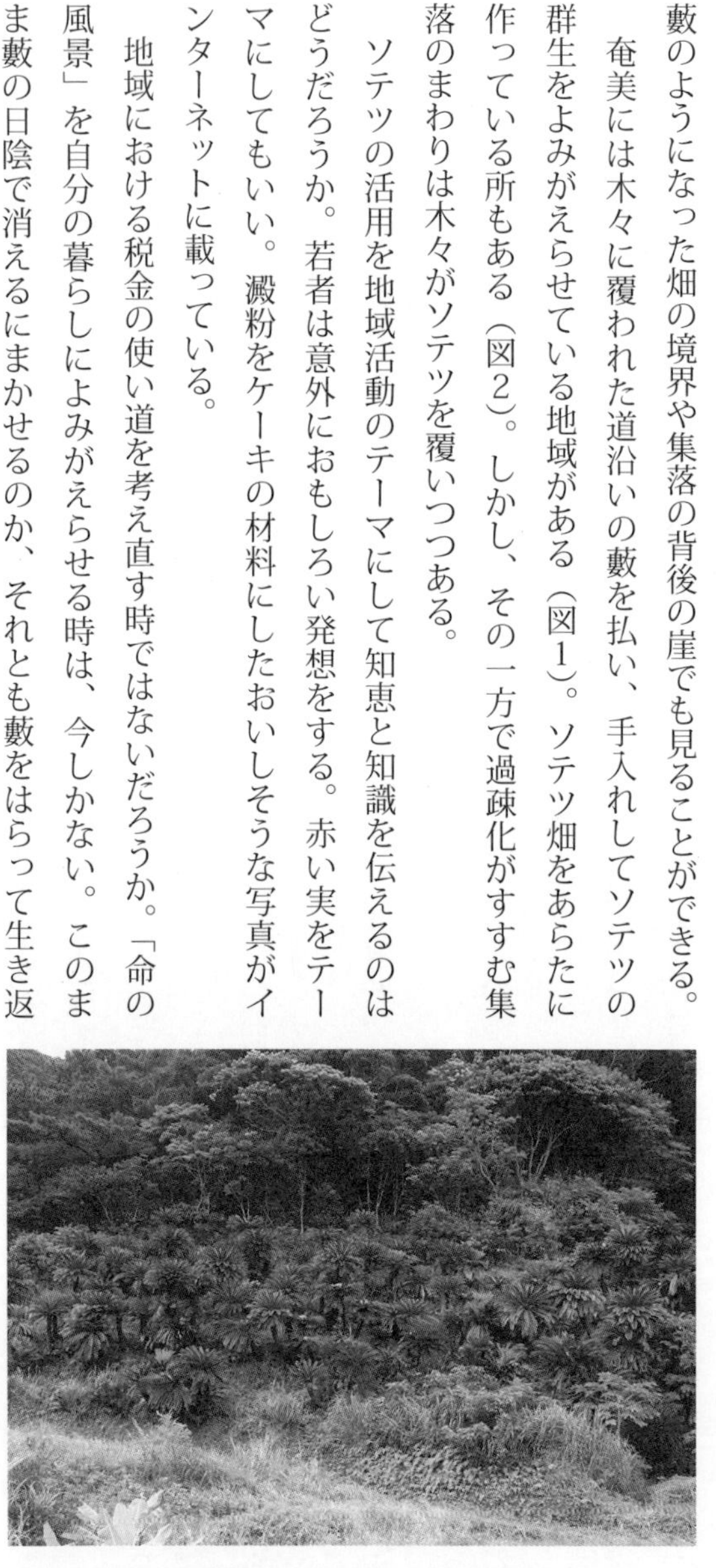

図1. 瀬戸内町蘇苅の再生したソテツ畑

らせるかの選択は今ならまだ間に合う。人と人、人と自然がつながる「もうひとつの未来」の実現ためにソテツを復活させ、身近に食べられるものがゆれている暮らしをとりもどすことからはじめてみようではないか。

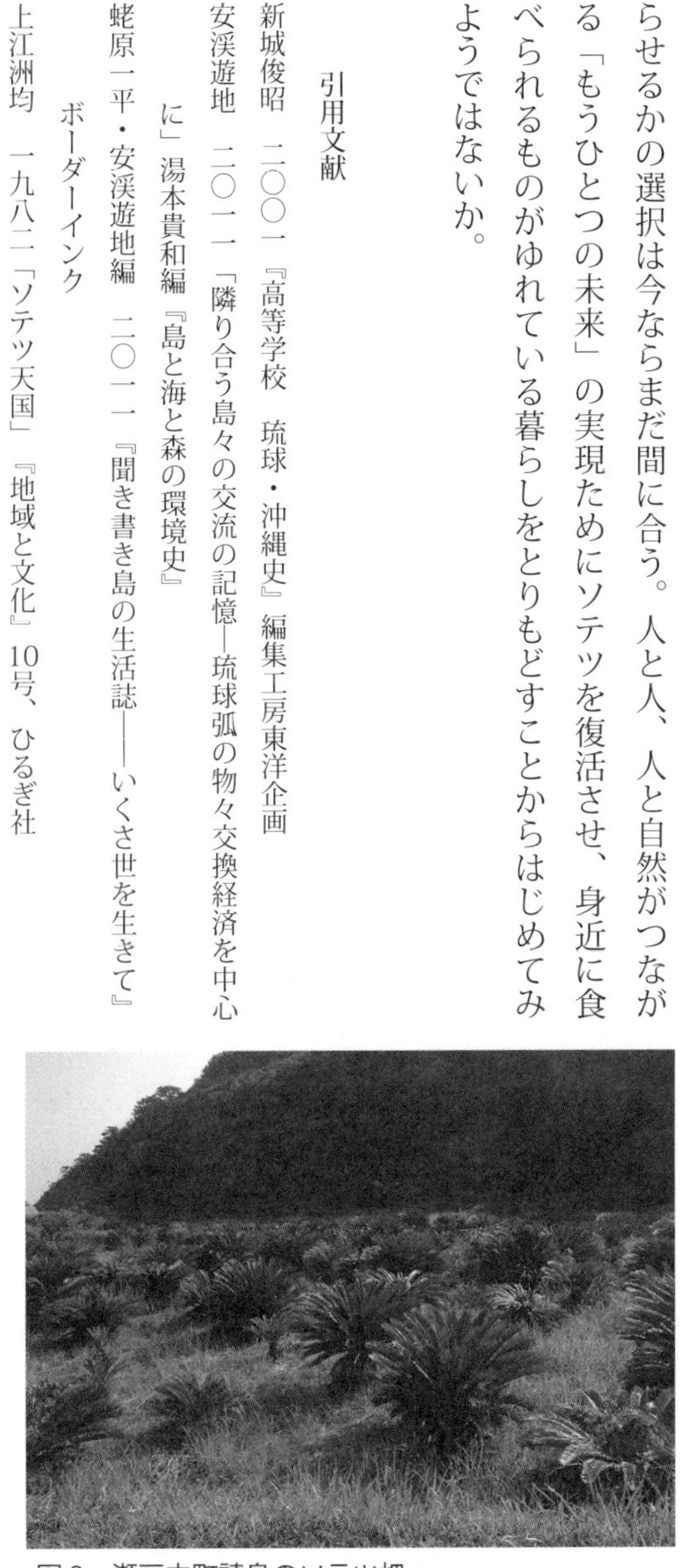

図 2.　瀬戸内町請島のソテツ畑

引用文献

新城俊昭　二〇〇一『高等学校　琉球・沖縄史』編集工房東洋企画
安渓遊地　二〇一一「隣り合う島々の交流の記憶―琉球弧の物々交換経済を中心に」湯本貴和編『島と海と森の環境史』
蛯原一平・安渓遊地編　二〇一一『聞き書き島の生活誌――いくさ世を生きて』ボーダーインク
上江洲均　一九八二「ソテツ天国」『地域と文化』10号、ひるぎ社
岡正ら編　一九八九『日本食生活全集四六　鹿児島の食事』農文協
当山昌直・安渓遊地編　二〇〇九『聞き書き島の生活誌――野山がコンビニ』ボーダーインク
クライナー、ヨーゼフ・田畑千秋共訳　一九九二『ドイツ人のみた明治の奄美』おきなわ文庫
盛口満　二〇一三『琉球列島の里の自然とソテツ利用』沖縄大学地域研究所彙報第十号
横井庄一　二〇一二『BE―PAL二〇一二年一〇月号別冊付録――復刻版横井庄一のサバイバル極意書』小学館

資料　世界のソテツ類

世界のソテツ類

前田　芳之

ソテツ類はイチョウと並んで種子植物としては最も古いものとして知られている。ソテツ類の先祖と考えられているタエニオプテリスは、三億年くらい前の石炭紀の後半の化石が見つかっている。古生代に出現しその頃まだ全盛を誇っていた大型のシダ植物とは生殖器の構造が違った植物である。ペルム期になり次第に寒冷化と乾燥化が進むと、ソテツの仲間が広く陸域に分布する時代が始まった。その後の環境変化の中で乾燥に耐え抜く植物として、それまでのシダ植物と交代し、やがて現生のソテツの祖先種が生まれた。これらは化石からソテツ綱ベネチテス目とソテツ目の多くの属、種に分類されている。

中生代になり種の分化が進み、恐竜が栄えたジュラ紀後期から白亜紀（一億五千万年〜六千五百万年前）にかけての時代に最盛期を迎え、「ソテツ時代」と云われるほど多くの種がうまれた。しかしその後、現在のソテツの祖先種以外は恐竜と共に絶滅したようである。現生種のような羽状複葉の葉を持つソテツはペルム期に出現したとされている。中生代白亜紀のソテツ類は日本国内でも各地で化石が見つかっていて、幹の直径が一・五メートルを越える巨大なもの（群馬県多野郡上野村）や蔓性ソテツ（石川県手取川流域）などの今日では見られない生活型があった。また北海道中部の函淵層や高知でも多くの化石が出ている。国外ではアラスカ、南極大陸、オーストラリア、ヨーロッパ、グリーンランド、インド、北アメリカ、南アメリカ、イギリスと広い範囲の白亜紀の地層で見つかっている。中生代のジュラ紀から白亜紀には気候は湿潤で温暖であり、南北両方の極地も暖かくてソテツを含む多くの植物が旺盛に生育していた。

資料　世界のソテツ類

表1．ソテツ目（顕花植物綱、裸子植物亜綱）の分類と分布

科　Family	属　Genus	分布	種数
ソテツ亜目			
ソテツ科	シカス（ソテツ）属 *Cycas*	アフリカ東岸、マダガスカル、インド、東南アジア、中国、日本、ニューギニア、豪北部、ニュージーランド	102種
ザミア亜目			
スタンゲリア科			
スタンゲリア亜科	スタンゲリア属 *Stangeria*	南アメリカ	1種
ボウエニア亜科	ボウエニア属 *Bouenia*	豪	3種
ザミア科			
オニソテツ亜科			
デイオーン族	デイオーン属 *Dioon*	中米	12種
オニソテツ族			
オニソテツ亜族	エンケファラルトス属 *Encephalartos*	アフリカ	63種
マクロザミア亜族			
	マクロザミア属 *Macrozamia*	豪	41種
	レピドザミア属 *Lepidpzamia*	豪	2種
ザミア　亜科			
セラトザミア族	セラトザミア属 *Ceratozamia*	メキシコ、ベリーズ、ガテマラ	16種
ザミア族			
ミクロシカス亜族	ミクロシカス属 *Microcycas*	キューバ	1種
ザミア亜族	ザミア属 *Zamia*	米南部州、中南米、カリブ諸国	53種
	チグア属 *Chigua*	コロンビア	2種

David L. Jones 2002, *Cycads of the World* をもとに作成

ジュラ紀は白亜紀と同様に多くの植物の変化の時であり、花の咲く被子植物のグループが新しく台頭してきた時代であった。被子植物は生育が早く、短い期間に多様化をとげ、それまでのソテツを含む裸子植物やシダ植物の領域に次々とその分布を広げていった。

　現生のソテツは、その後も何度も起こった大きな環境変化の中で適応して生き残った一一属二〇〇種余りである。分類については諸説あり種数も研究家の解釈により増減がある。アフリカ、マダガスカル、インド、東南アジア、中国南部、日本、台湾、フィリピン、パプア・ニューギニア、ミクロネシア、フィジー諸島、オーストラリア、メキシコをはじめとする中米、南米等広い範囲で見られる。我が国では九州南部を北限とする*Cycas revoluta*という一種のみが自生している。

　ソテツ類は先にも述べたように古い歴史を持ち、しかも中生代の二億年近くの間繁栄を誇った時の多様な形態をほとんど変えずに生き続けている。ソテツの仲間は表1に示すように一一属に分類されており、それぞれの属は図に示すような分布が知られている。以下は、Jones (2002)" Cycads of the World" を中心に、Hill (2001), Wang & Liang (1996), Goode (1990), Giddy (1986) を参考にして述べていく。写真は著者が撮影した。

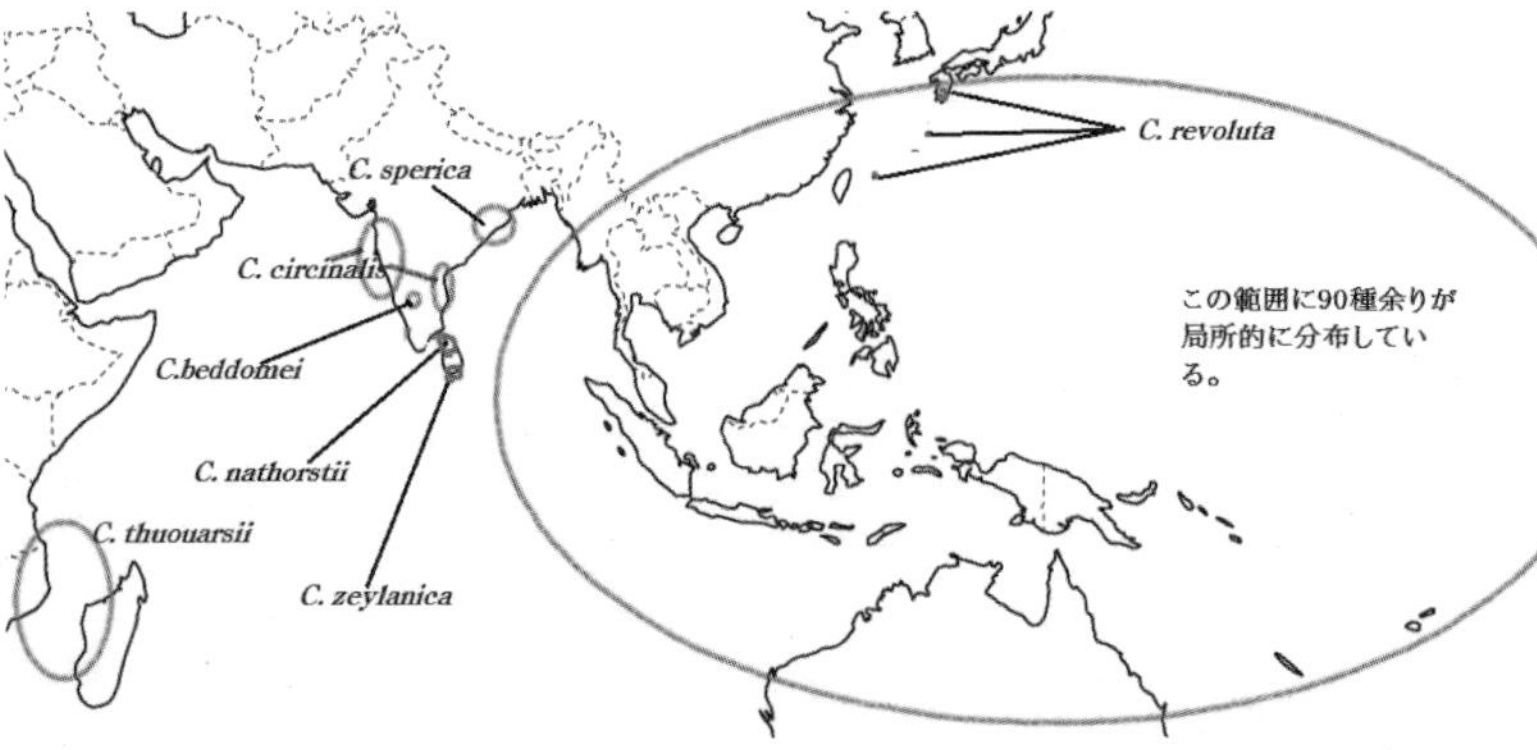

図 1a. シカス（ソテツ）属の分布

図 1b．シカス（ソテツ）属の雄株（左）と雌株（右）

シカス属 *Cycas*　102種　図1

ソテツ科の中でもっとも大きな属で今後新種が見つかる可能性が高い。国別で見ると中国が最も多いが、研究者からは同種異名も多いと指摘されており今後の研究で整理されて行くだろう。最近は様々な形態的差違からこの属を六つのグループに分ける説がある。分布域は広く西はアフリカ大陸南部東岸、マダガスカル島から東はフィジー諸島、南はオーストラリアのクイーンズランド州南端海岸、東は日本の鹿児島を結ぶ範囲に一〇〇種以上が点在している、中でも中国には二〇種近くの記載がある。多くのソテツ類は食用や愛好家のための採取、あるいは開発による生育地の破壊などで絶滅の危機にさらされている。また種数も多いが自生環境も多様で海岸、平野部、低山帯、山地等の草原、疎林、密林、岩山、樹木のほとんどない絶壁、さらには山火事の多い地域や石灰岩地帯、太陽の直射にさらされる場所、暗い林内など実に多様な環境に適応している。幹の形態は半地下性で地下部が大きく肥大し地上に出た幹の高さは五〇センチにもならない種から、樹高が一二メートルを越え、幹も直径四〇センチを越える種も多い。また幹の途中からしばしば枝分かれする種もある。葉の長さは幹の立つソテツに比べると、半地下性の幹を持つ種の方が相対的には長く、樹高が二〇～三〇センチで葉長三メートル前後の種は普通である。樹高が高くなるソテツも葉長は二メートル前後である。

図2a. スタンゲリア属の分布

図 2b. ***Stangeria eriopus***

スタンゲリア属 ***Stangeria*** 1種 図2

南アフリカ共和国東部海岸に固有の一属一種の小型ソテツで発見時には葉脈が見られるのでシダ植物と考えられていて現在でもシダソテツと呼ばれる。南緯二七度三三分の間の、海岸から五〇キロ以内の海岸砂丘沿いに流れる小さな川沿いの日当たりの良い常緑樹の疎林や草原で見られ、耐潮性がある。土壌は砂岩や花崗岩や黒色粘土である。半地下性の人参のような形の幹を持ち直径二〇センチ位になる。幹は枝分かれが出来るので大きくなると株立ちのように見える。葉長〇・三～二メートル。

ボウエニア属 ***Bowenia*** 3種 図3

オーストラリアのクイーンズランド州固有属。東部海岸沿いの熱帯雨林で山火事などの影響を受けにくい地域の腐植の多い土壌で標高の低い

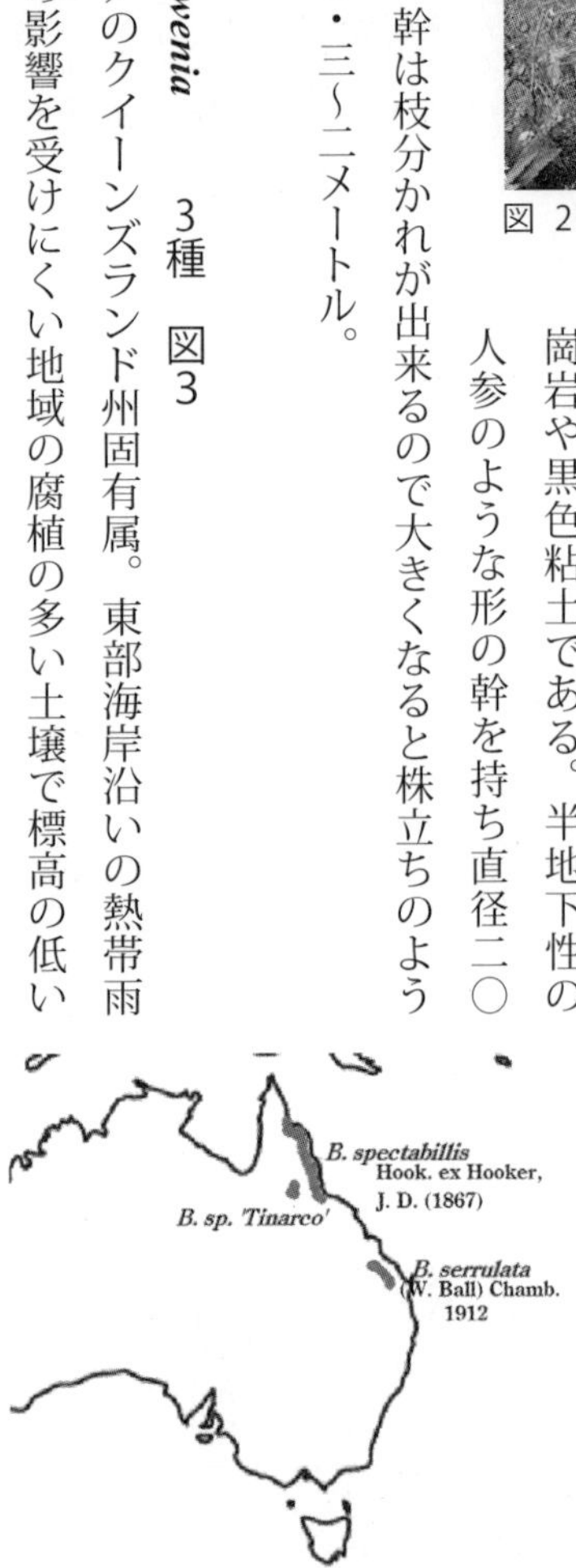

図3. ボウエニア属の分布

所に多く見られるが、より標高の高い傾斜の緩い尾根や台地にも生育する。樹冠部の閉ざされた林内、林縁、安定した斜面、流れの傍で、草むらや灌木の中に群落を作る。三種とも小型で、二回分岐した羽状複葉を持つのが本属の特徴である。樹皮状の外皮をもたないむき出し半地下生の根茎で地上露出部は高くならない。

ディオーン属 ***Dioon***　12種　図4

ディオーン属は現在一二種と認識されているが、現在の研究から将来もう幾種類かに細分類されるだろう。一二種の中一一種はメキシコ固有種で後の一種はホンジュラスの北部に生育し、緯度から見ると北緯一五度から二九度の間に分布している。この属の種のほとんどがメキシコに産するというのはこの属の起源がメキシコであることを示唆する。ディオーン属の種は南北に連なる山脈の険しい岩場の酸性からアルカリ性の強い土壌に生育するのが普通である。垂直分布的には海水面の高さから標高二五〇〇メートルまでの間に生育する。ほとんどの種は温度差の著しい、直射にさらされ乾燥したところに生えるが、二種はそれほど温度差のないところに育つ。デイオーン属のソテツはすべて円柱状の幹を持つ方向に進化し、幹の高さは種により一～一六メートルま

図 4b. ***Dion spinulosum***

図 4a. ディオーン属の分布

での範囲がある。自生のデイオーンの個体数は開発や盗掘により近年は激減している。

エンケファラルトス属 *Encephalartos*　63種　図5

本属はサハラ以南のアフリカ大陸だけのソテツ類で、現在記載されている六三種の半分以上は南アフリカ共和国にある。未記載の種も多く、最近の研究で新種が発見されるのは遠隔地が多い。局所的に著しく特化したりあるいは一つの水系や独立峰だけに自生が見られる種などがある。生育環境は山地で花崗岩の岩場、また一方では平地部の海岸や海岸近くの低木帯の水はけの良い砂地や砂の混じった土壌でやせた土地にも生育する。多くの種は開けた草原に見られるが、ある種は落葉樹や常緑樹の疎林や密林を選んでその林内に生育する。いくつかの種が生育する標高の高い山岳地帯（一〇〇〇〜二〇〇〇メートル）では、熱帯、亜熱帯域であっても霜だけでなく雪が降る事もある。頑丈で円柱状の幹を持ち完全に地上に出る種、半地下性、地下性、幹が斜上成長する種、匍匐する種など生活形は多様性である。草原や灌木帯は山火事が多く、地上部は消失することもあるので外皮が厚く、地下部が肥大することにより成長点を温存できるように適応している種が多い。伸縮性の強い多肉質の根を持つ。葉の

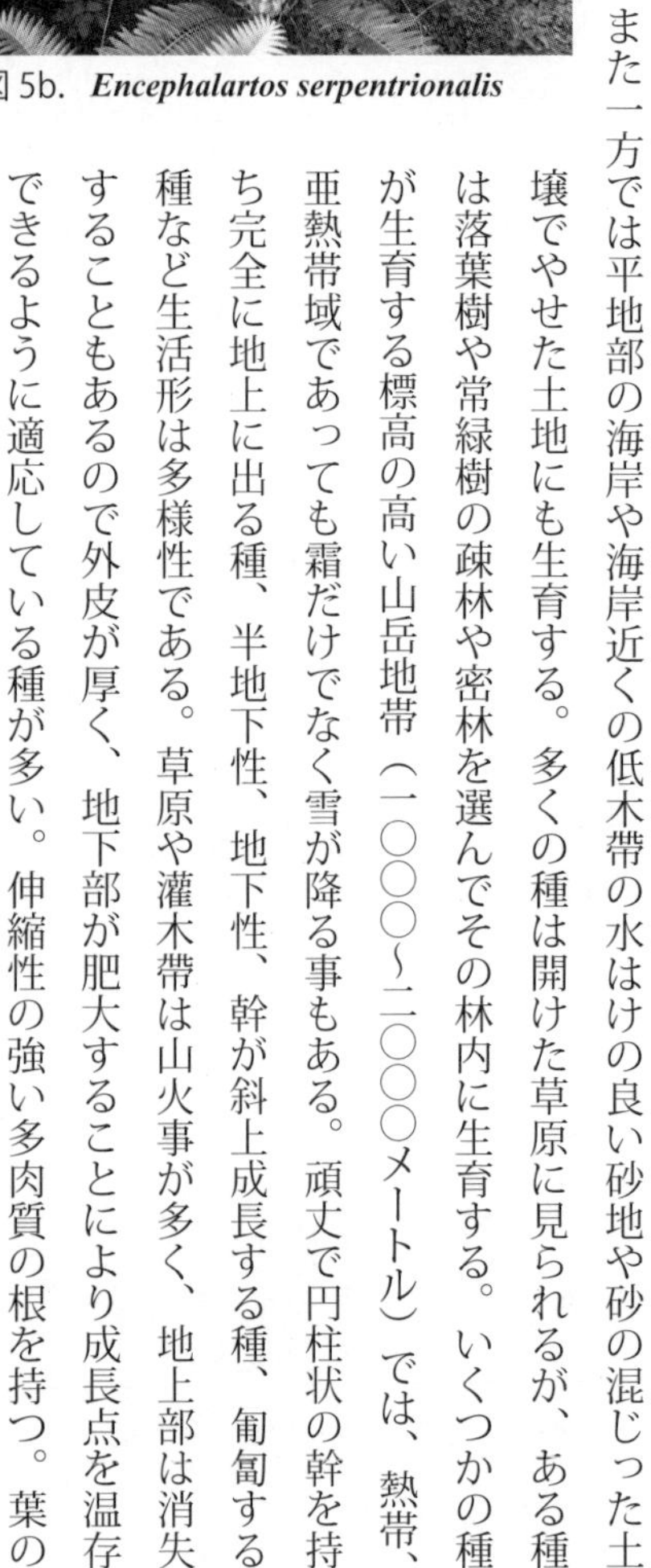

図 5b. ***Encephalartos serpentrionalis***

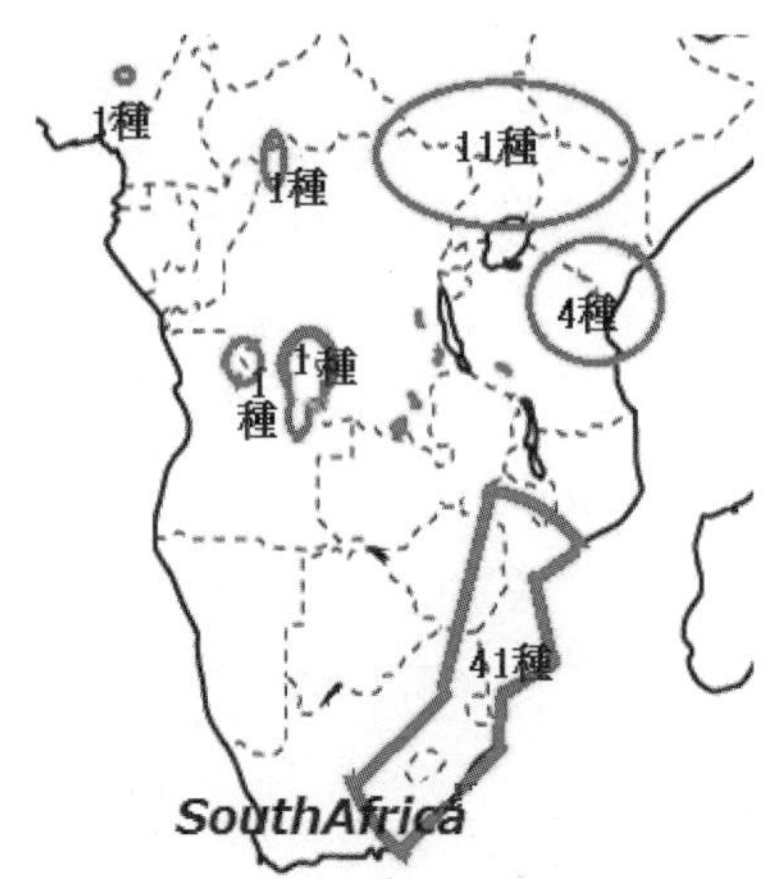

図 5a. エンケファラルトス属の分布

形はソテツ科の中では一番多形で、捻れたり、反転したりする種や、葉に切れ込みがないものから葉の縁のトゲが発達して一見トゲの塊のように見える種まであり、和名のオニソテツ属というのはそこからの発想であろう。幹の高さは最大の種で一三メートルだが多くの種は三〜四メートルまでである。まったく地上部が見られない種や半地下性で地上部が五〇センチまでの種も多い、葉長も樹高の高い種では二〜三メートルとなるが、一メートル未満の種も多い。

マクロザミア属 *Macrozamia*　40種　図6

オーストラリア大陸の固有属で大陸の東部海岸に三六種、西南部海岸に四種、一種のみ中央部に生育する。属の中で地上部の幹だけを持つ種と半地下性の幹を持つ種の二つのグループにわける説もある。地上部の幹が高くなる種は少ないが大きくなる種 *M. morrei* では樹高八メートルに達する。多くの種は山火事の多い地域に適応して半地下性の幹を持ち、小型で地上部は三〇〜五〇メートル程度である。株立ち

図 6b. ***Macrozamia miquelii***

図 6c. ***Macrozamia crassifolia***

図 6a. マクロザミア属の分布

にはならない。葉長は〇・三～三メートル、何れの種も葉縁にトゲはない。*Jarrah forest* と呼ばれるユーカリ主体の植生環境に特有の種も多い。開けた疎林、岩礫の斜面や谷沿いに特有の種もある。ほとんどの種は砂や礫混じりの水はけの良いやせた土地に生育しており、冬の低温にも強い。

レピドザミア属 *Lepidozamia*　2種　図7

東部オーストラリアの固有属で二種、いずれも頑丈な円筒状の幹を持つ。単幹で株立ちにならない。熱帯雨林の林縁部や樹木に覆われた斜面、川岸の樹林の腐植の多い土壌に生育する。暗いところは好まず、林縁や林内の開けた所、樹木に覆われた谷間の日の差し込む場所に単独で生育することが多く、群落にはならない。海岸の林から標高一〇〇〇メートル位の台地の林まで分布している。両種とも大型で特に *L. hopei* は現生のソテツ科では最大で樹高20メートル直径五〇センチに達する。葉長は二～三メートル、葉柄や葉縁にトゲはない。

セラトザミア属 *Ceratozamia*　16種　図8

中央アメリカ、主にメキシコ東南部から南部にかけて多くの種が局所

図 7a.　レピドザミア属の分布

図 7b.　***Lepidozamia hoopei***

分布し、メキシコ東部とグアテマラ北部、ベリーズに一種広域分布種がある。本属の大半は標高八〇〇～一八〇〇メートルのいつも霧や雲に閉ざされた湿潤な熱帯雨林、それより少し乾燥する広葉樹林、そしてさらに湿度が低いカシ・マツ混交林、そして広域分布の数種は乾季、雨季のある低地林内に生育する。

湿度の高低により葉の形態は差違があり、薄くて幅の広い葉を持つ種は高湿度の地域、細く堅い葉の種は低地の乾燥した地域に生育する。

この差違により同属内で二つのグループに分けられている。幹は半地下性の種から普通の植物のように地表から上に延びる種まである。半地下性の幹を持つ小型の種では幹丈二〇センチ～五〇センチ、大きく伸びる種で二メートル、幹直径も二〇センチを超えない。局所分布の固有種が多い。

図 8b. ***Ceratozamia mexicana***

メキシコ

ベリーズ

グアテマラ

塗られた範囲に下記の16種が局所分布している。

C. alvarezii, C. euryphyllidae, C. hildae, C. kuesteriana, C. latifolia, C. matudae, C. mexicana, C. microstrobila, C. miqueliana, C. mixeorum, C. morettii, C. norstogii, C. robusta, C. sabatoi C. zaragozae , C . whitelockiana

図 8a. セラトザミア属の分布

ミクロシカス属 ***Microcycas***　1種　図9

キューバに特産する一属一種のソテツである。幹は地上性で枝を出すこともある。西部の一カ所の標高八〇～二五〇メートルの丘陵に小規模な群落と六五〇メートルの山腹に少数記録されている希少な種。土壌は石灰岩の風化したアルカリ性の褐色土、珪質粘土、細かい酸性砂の混じった土で、草原やまばらに常緑樹がある小峡谷の谷斜面に生育する。樹高は一〇メートル位まで延び、太さは三〇~六〇センチ、葉長は〇・六~一メートル、小葉は中軸に対して水平より大きな角度でつく。小葉は中間から先端部まで同じ長さで、先端部だけ少し短くなり葉の形は先端を切り落としたようになるのが特徴。

ザミア属 ***Zamia***　53種　図10

この属は生物分布区でいう新熱帯区（アメリカ合衆国南部、中央アメリカ、南アメリカとカリブ海の島々）に含まれる地域に分布し、シカス属の次に広い分布域を持つ。全てのソテツ科の中で形や生態的な特殊性、適応している環境などが一番多様化しているとも云われる。未だ研究中の多数の未記載種、未調査や調査中の地域もあり今後種数が増加するのは間違いない。非常に局地的な分布で個体数の少ない多くの地方型がある。この属には半地下性の幹、地上の通常の幹で生育する以外に塊茎状の幹を持つ着生の種もある。大半の種は雨林帯の原生林、二次林に見られるか、やや乾燥した疎林、灌木林、草原で見られる。雨林帯で見られる種群は低地から標高二六〇〇メートルの常時湿度の高い樹林の林床に生育する。着生種は一

この範囲内に53種のZamia属が局所的な分布。

図 10a．ザミア属の分布

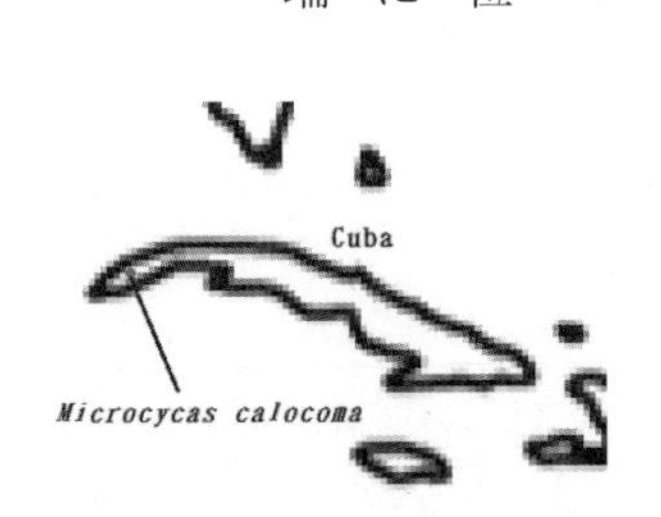

図 9．ミクロシカス属の分布

種だけだが、中米パナマの東側に位置する最も湿潤な地域の標高五〇〜一〇〇〇メートル位までの海岸原生林内で大木に着生しているという。この属は半地下性の種が多く地上部が大きくなる種は少ない。幹の高さは二〇〜五〇センチ未満が大半である。樹高の高くなる種では五〜七メートル位になり、葉長二・五〜三メートル以上のものもある。幹が小さくとも強い日照や、風にさらされない種群では葉長は長く一〜二メートルになる種も多い。日照が強く開けた場所に生育する種群は葉長は短く〇・三〜一メートル未満である。

図 10b. ***Zamia muricata***

図 10c. ***Zamia furfurace***

チグア属 ***Chigua***　2種　図11

南アメリカの固有属で二種とも非常に希少な種であり、採集圧での絶滅が危惧される。コロンビアの低地熱帯雨林の林床に生育する。小型のソテツで茎は半地下性で長さ三〇〜四〇センチ、直径一〇〜一五センチ塊状。葉柄がなく長楕円形の紙質で、鋸歯状の小葉（長さ三〜五センチ、幅一・五〜二センチ）が二〇〜三〇対つき、長さ一〜一・八メートルとなり三本程度直立す

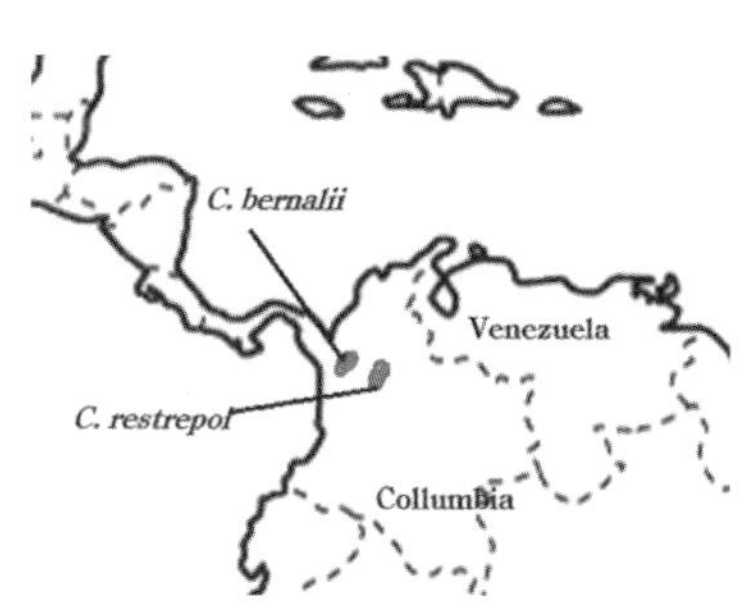

図 11.　チグア属の分布

る。

引用文献

Wang, D.1996, *Cycads in China,* Chapter 4: Taxonomy of *Cycas* in China : pp.103. Guangdong Science & Techonology Press, China.

Kono, M. and H. Tobe 2007, Is *Cycas revoluta* (Cycadaceae) wind- or insect-pollinated? *American J. of Botany* 94 (5): 847-855.

Kyoda, S. and H. Setoguchi, 2010 "Phytogeography of *Cycas revoluta* Thunb. (Cycadaceae) on the Ryukyu Islands: Very low genetic diversity and geographical structure", *Plant Syst. Evol.*, 288: 177-189,

あとがき

「過去に目を閉ざす者は現在にも盲目となる」と、ドイツのヴァイツゼッカー元大統領は言いました。過去に目を閉ざすことなく、人と自然のかかわりの歴史という全体像のなかに、庶民の生活のこまごました記憶を位置づけてみたい……。このような夢をもっている私ども「奄美沖縄環境史研究会」の研究成果のひとつを、こうしてお届けできることは、このうえない喜びです。

この本ができるきっかけは二〇一一年三月一九日に沖縄大学で開催した土曜教養講座にあります。二〇〇五年度からの五年間にわたる総合地球環境学研究所（地球研）のプロジェクト「日本列島における人間―自然相互関係の歴史的・文化的検討」の終了にあたって、奄美沖縄班の成果発表会「琉球弧の環境史――理科系のミンゾク学入門」を持たせていただいたのです。

このときの発表テーマは、次のように多彩なものでした。

・骨は語る――遺跡出土動物遺存体からみた動物資源利用の歴史
・先史人は賢明な消費者であったか――琉球列島のヤコウガイ集積遺跡をてがかりに
・近世琉球王国の環境劣化と社会的対応――蔡温の資源管理政策をめぐって
・与那国に残る一五世紀の済州島漂流民の伝承
・奄美・沖縄の統計書を読む
・サンゴ礁の民俗分類の比較
・一九四五年の奄美沖縄の高精密空中写真の世界――一九四五年の奄美沖縄の高精密空中写真から読める

こと
・地獄と恩人——ソテツをめぐる奄美と沖縄の対比
・イノシシとの共存——奄美沖縄における狩猟文化誌
このシンポジウムを聞いておられたボーダーインク（株）の宮城正勝社長が、ソテツの発表に感銘を受けられて「これまで『ソテツ地獄』という言葉に心をいためてきたのが晴れる気がした。ソテツサミットを山原でやりたい。ソテツに関する本を出したい」と申し出て下さいました。

ソテツサミットの構想は、二〇一二年一二月九日に『ソテツをみなおす——沖縄と奄美をむすんで』として実現しました。奄美沖縄環境史研究会の主催、名桜大学総合研究所と沖縄大学地域研究所の共催で地球研の支援を受けて、名護市の名桜大学で開催されました。

開催の趣旨を次のように広報しました。

　奄美沖縄の人々の生活を支えたソテツの記憶がうすれ、次第に景観からも姿を消している今日、食生活だけではなかったソテツ利用の歴史を共有し、「ソテツ地獄」という表現では捉えきれない地域文化としてのソテツを語り合ってみましょう。

奄美と沖縄のソテツ料理の試食に始まって、この本の内容の一部をテーマとしたセミナーの会場には、地元沖縄島の方々のみならず、それ以外の沖縄の島々の方、奄美大島からの方も参加されました。

会場では、地域によりさまざまな過去、そして現状や事情があるというリアルなご報告がありました。討論の部では、ソテツの姿が次第に身の回りから消え、忘れ去られている各地の現状を踏まえて、ソテツの重要性をもっと見直し積極的に伝承していかなければならないことが確認されました。会場からの活発なご意見をふくめたこの討論では、私たちの周りの環境があまりに大きく変化するなかで、生活だけでなく生き方や自然観までが根本から変わってしまったことに気付かされました。さらに、戦争の記憶や、それに対するさまざまなものの見方、生き延びる知恵まで失われつつあることへの危機感が表明されました。ソテツを忘却から救いだし、その文化的な価値を誰にも見える形にすることで、未来につなげるものが具体的な形をとってくるのではないかという見通しを共有しました。

その見通しへのひとつの答えが本書の刊行です。

「理科系のミンゾク学」をスローガンに。文科系理科系が融合した学際的研究をわかりやすい、ハンディな形で出版してきた「聞き書き・島の生活誌」シリーズを出版していただいたボーダーインクの池宮紀子さんに今回も編集ではたいへんお世話になりました。

地球研「列島プロ」の奄美沖縄班を発展的に継承したのが、リカミン（理科系のミンゾク学）の愛称をもつ奄美沖縄環境史研究会です。今後のセミナーや出版などのご案内を希望される方は、ricamin55@gmail.comまでご連絡ください。

執筆者一同

島名索引

人名索引

（安渓貴子・安渓遊地作成）

主な事項・島名・人名索引

事項索引

執筆者紹介（五〇音順）

安渓 貴子（あんけい　たかこ）

愛知県生まれ。生態学専攻。山口大学・山口県立大学非常勤講師。理学博士。主な著作に、安渓貴子 二〇〇九『森の人との対話――熱帯アフリカ・ソンゴーラ人の暮らしの植物誌』アジア・アフリカ言語文化叢書四七：一～六一四頁 東京外語大AA研、安渓貴子 二〇〇三「キャッサバの来た道――毒抜き法の比較によるアフリカ文化史の試み」吉田集而・堀田満・印東道子編『イモとヒト』平凡社 二〇五～二二六頁、ANKEI Takako 1990 Cookbook of the Songola, *African Study Monographs*, Suppl.13:1-174 京都大学、など。

安渓 遊地（あんけい　ゆうじ）

一九五一年富山県生まれ。母方は加計呂麻島西阿室出身。人類学・地域学専攻。山口県立大学国際文化学部教授。理学博士（京都大学）。主な編著に、安渓遊地編著 二〇〇七『西表島の農耕文化――海上の道の発見』法政大学出版局、宮本常一・安渓遊地 二〇〇八『調査されるという迷惑』みずのわ出版、湯本貴和編、田島佳也・安渓遊地責任編集 二〇一一『島と海と森の環境史――日本列島の三万五〇〇〇年』文一総合出版、など。

上江洲 均（うえず　ひとし）

一九三七年沖縄県久米島生まれ。名桜大学名誉教授。久米島博物館名誉館長。主な著書に、上江洲均 一九七三『沖縄の民具』慶友社、上江洲均 一九八二『沖縄の暮らしと民具』慶友社、上江洲均 二〇〇八『沖縄の祭りと年中行事』榕樹書林、上江洲均 二〇〇七『久米島の民俗文化――沖縄民俗誌』榕樹書林、など。

木下 尚子（きのした なおこ）

一九五四年東京都生まれ。日本考古学専攻。熊本大学文学部教授。文学博士（九州大学）。主な著作に、木下尚子 一九八九「弥生定形勾玉考」『東アジアの考古と歴史』同朋社、木下尚子 一九九六『南島貝文化の研究―貝の道の考古学』法政大学出版局、分担執筆、一九九八『続・暮らしと環境』山口県史編纂室、木下尚子 二〇〇九『13～14世紀の琉球と福建』平成一七～二〇年度科学研究費補助金基盤研究（A）（2）研究成果報告書、熊本大学文学部、など。

当山 昌直（とうやま まさなお）

一九五一年沖縄県那覇市生まれ。動物学専攻。沖縄国際大学南島文化研究所特別研究員。主な著作に、当山昌直・安渓遊地編 二〇〇九『聞き書き・島の生活誌①野山がコンビニ 沖縄島のくらし』ボーダーインク。安渓遊地・当山昌直編 二〇一一『奄美沖縄環境史資料集成』南方新社。当山昌直・安渓遊地 二〇一三『奄美戦時下米軍航空写真集』南方新社、など。

豊見山 和行（とみやま かずゆき）

一九五六年沖縄県宮古島生まれ。歴史学（琉球史）専攻。琉球大学法文学部教授。博士（歴史学・名古屋大学）。主な著書に、豊見山和行 二〇〇四『琉球王国の外交と王権』吉川弘文館。入間田宣夫・豊見山和行 二〇〇二『北の平泉、南の琉球』中央公論新社、など。

早石 周平（はやいし しゅうへい）

一九七四年大阪府生まれ。母方は徳之島崎原出身。霊長類学専攻。鎌倉女子大学教育学部准教授。理学博士（京都大学）。主な著作に、早石周平・渡久地健 二〇一〇『聞き書き・島の生活誌④海と山の恵み 沖縄島のくらし2』ボーダーインク、など。

前田 芳之（まえだ　よしゆき）

一九七二年、大阪から瀬戸内町手安にIターン。造園業の芳華園を経営。樹木医。環境省および鹿児島県の希少野生動植物種保存推進員。鹿児島県文化財保護指導員、瀬戸内町文化財保護審議会会長。奄美の「森の番人」。「奄美大島におけるカンアオイ類の分布と生活史」の研究で理学博士。

町 健次郎（まち　けんじろう）

一九七〇年与論島生まれ。民俗学専攻。瀬戸内町立図書館・郷土館学芸員。博士（学術・琉球大学）。主な論文に、町健次郎 二〇一〇「明治期における奄美大島開闢神話」『沖縄民俗研究第28号』沖縄民俗学会、町健次郎 二〇一一「大正・昭和期における奄美大島開闢神話」『沖縄民俗研究第29号』沖縄民俗学会、など。

盛口 満（もりぐち　みつる）

一九六二年千葉県生まれ。沖縄大学人文学部こども文化学科教授。珊瑚舎スコーレ夜間中学校講師。主な研究テーマは、琉球列島における植物利用の聞き取り調査、身近な自然の教材化の研究など。主な著書に、盛口満 二〇〇九『ゲッチョ先生の野菜探検記』木魂社、盛口満 二〇〇一『ドングリの謎』どうぶつ社、盛口満 二〇〇七『ゲッチョ昆虫記』どうぶつ社、など。

〈表紙図版〉
「蘇鐵残照図」田中一村画、田中一村記念美術館蔵

ソテツをみなおす
奄美・沖縄の蘇鉄文化誌

2015年3月31日 初版第一刷発行

編 者 安渓貴子・当山昌直（奄美沖縄環境史研究会）

発行者 宮城正勝
発行所 ボーダーインク
〒902-0076 沖縄県那覇市与儀226-3
電話 098(835)2777 Fax 098(835)2840
印刷所 （株）近代美術

ISBN978-4-89982-270-7